LA SECONDE CAMPAGNE DE FRANCE

HISTOIRE GÉNÉRALE
DE
LA GUERRE
FRANCO-ALLEMANDE
(1870-71)

PAR

Le Lt-Colonel ROUSSET

DE L'ÉCOLE SUPÉRIEURE DE GUERRE

ATLAS

PARIS
MONTGREDIEN ET Cie
LIBRAIRIE ILLUSTRÉE
8, RUE SAINT-JOSEPH, 8

Tous droits réservés.

Histoire Générale

DE LA

Guerre Franco-Allemande

(1870-71)

—

ATLAS

ÉMILE COLIN — IMPRIMERIE DE LAGNY

LA SECONDE CAMPAGNE DE FRANCE

HISTOIRE GÉNÉRALE
DE
LA GUERRE
FRANCO-ALLEMANDE
(1870-71)

PAR

Le L.-Colonel ROUSSET

DE L'ÉCOLE SUPÉRIEURE DE GUERRE

ATLAS

PARIS
MONTGREDIEN ET Cie
LIBRAIRIE ILLUSTRÉE
8, RUE SAINT-JOSEPH, 8

Tous droits réservés.

Histoire générale de la Guerre 1870-71.

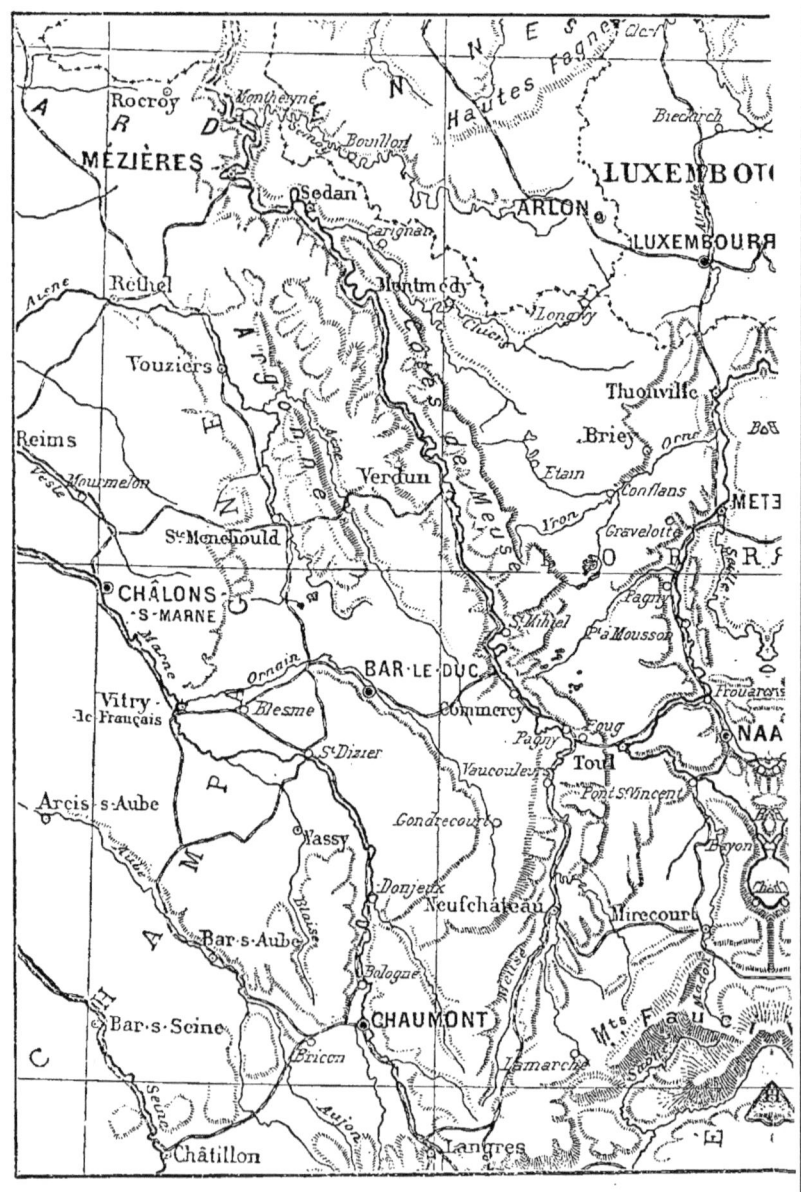

THÉATRE DES OPÉRATIONS DE LA

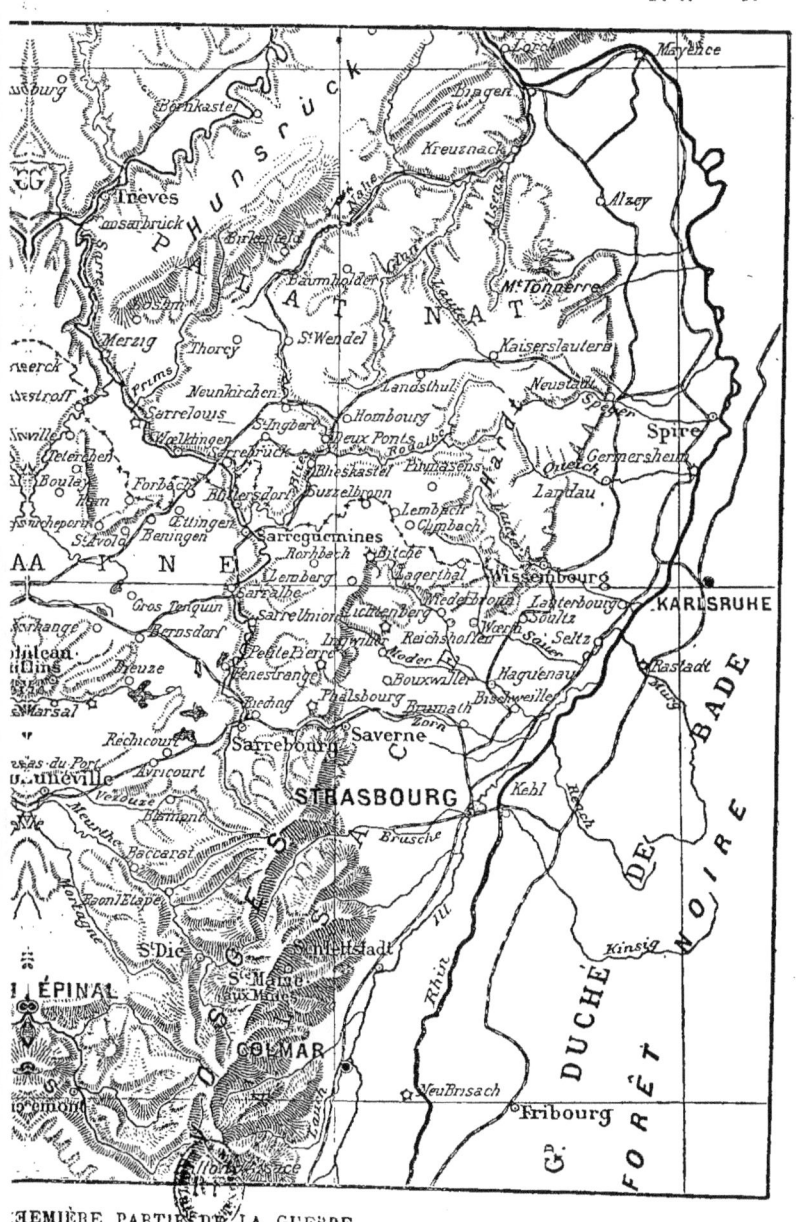

PREMIÈRE PARTIE DE LA GUERRE

Histoire générale de la Guerre 1870-71.

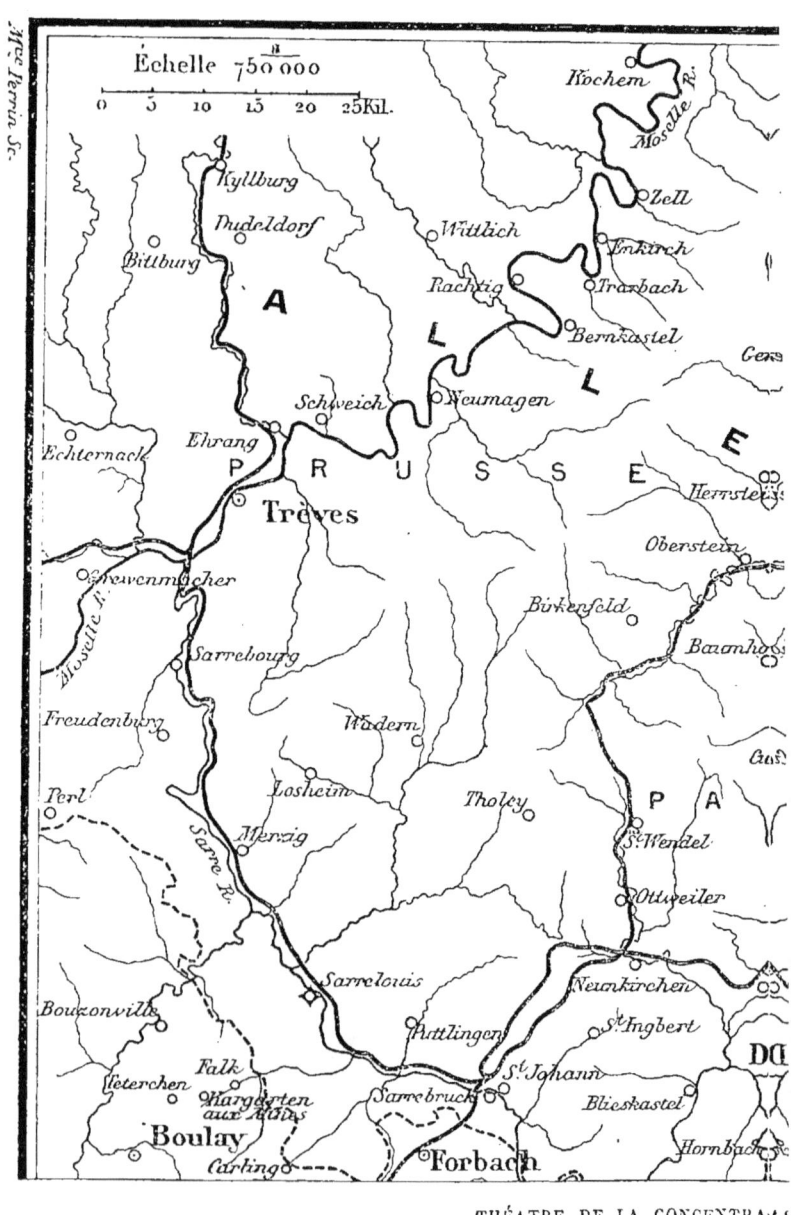

THÉATRE DE LA CONCENTRA...

T. 1. — 2.

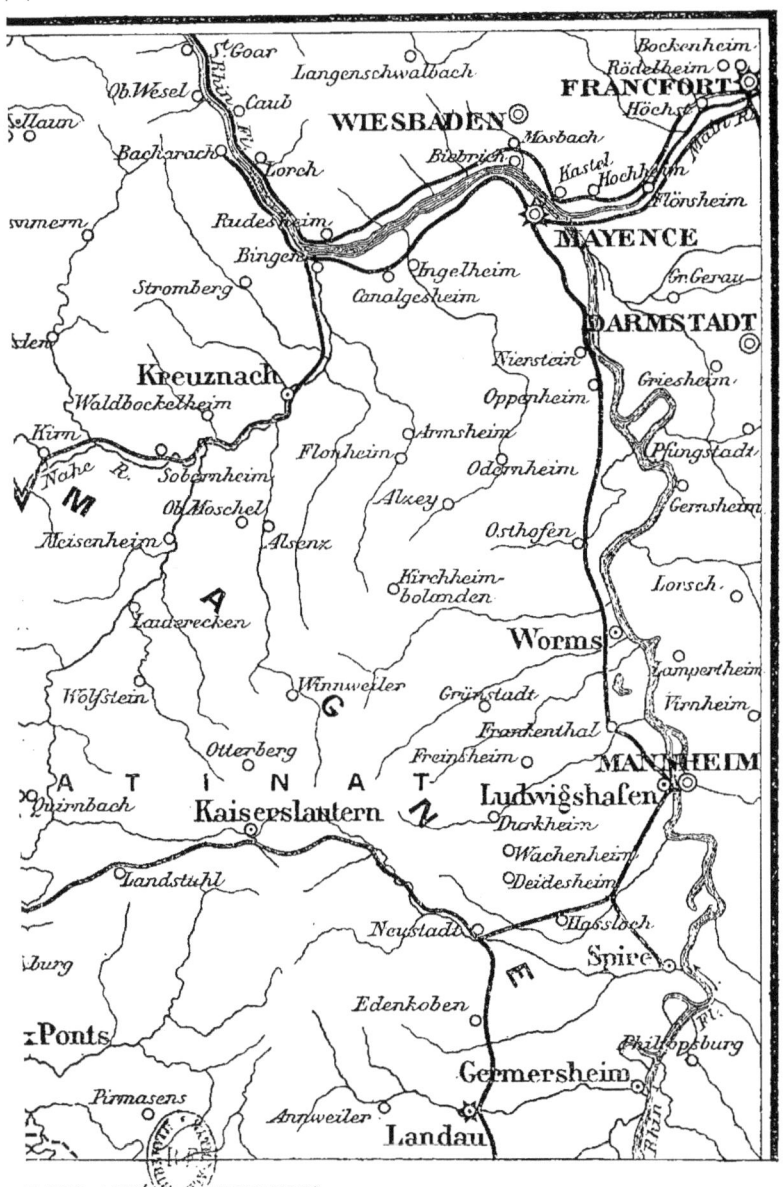

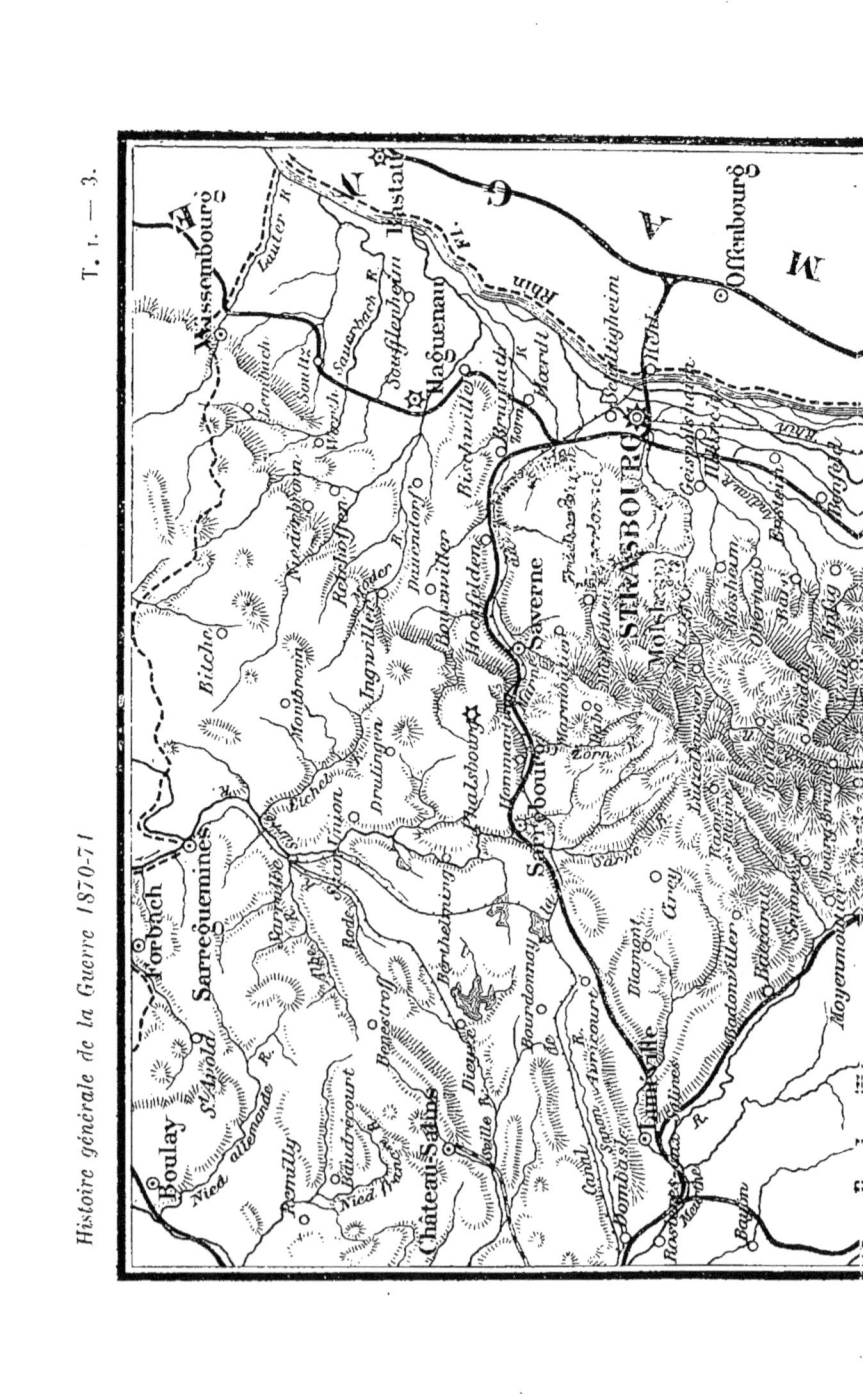

Histoire générale de la Guerre 1870-71

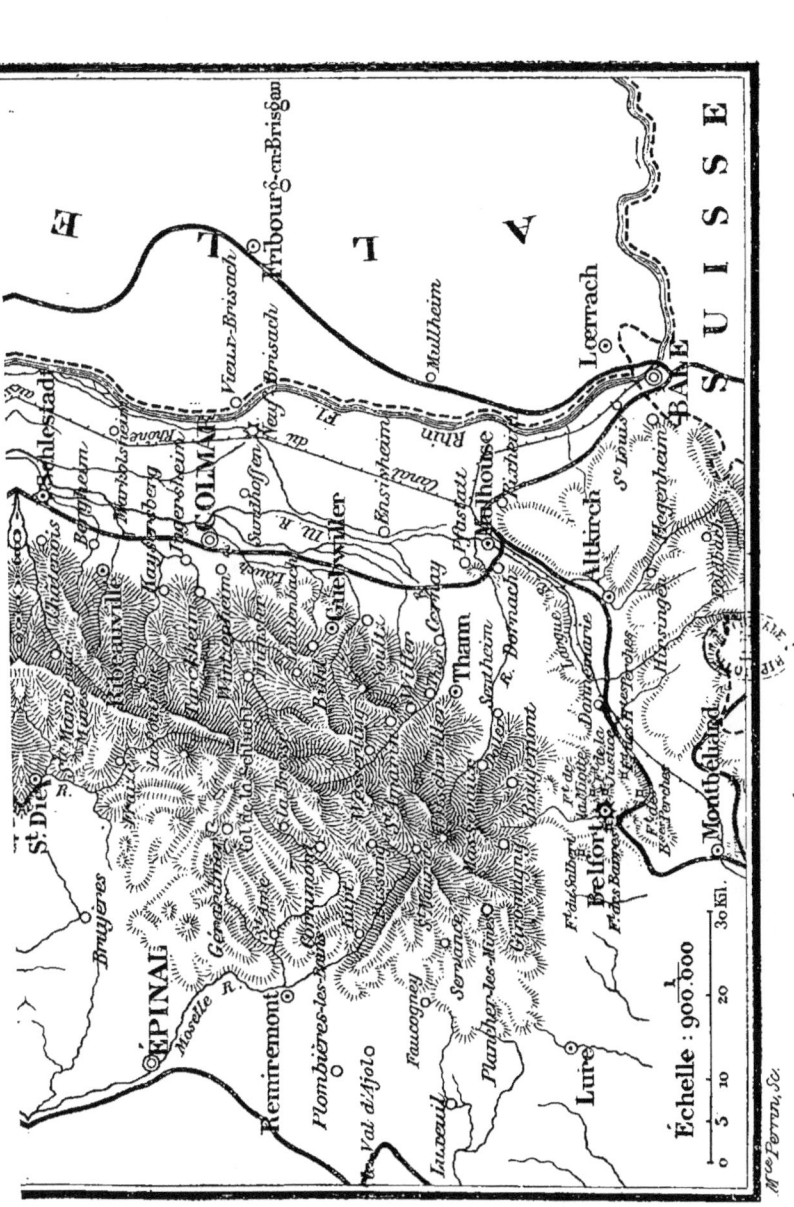

THÉATRE DES OPÉRATIONS EN ALSACE

Histoire générale de la Guerre 1870-71.

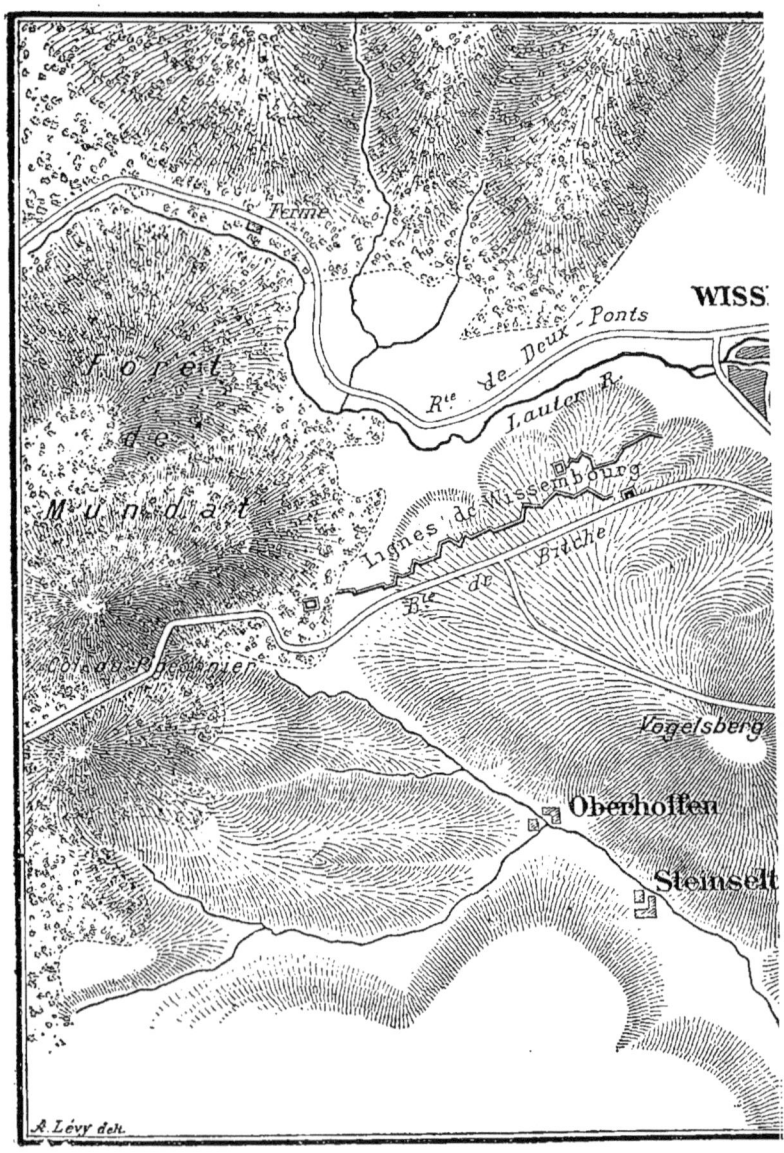

CHAMP DE BATAILLE

T. I. — 4.

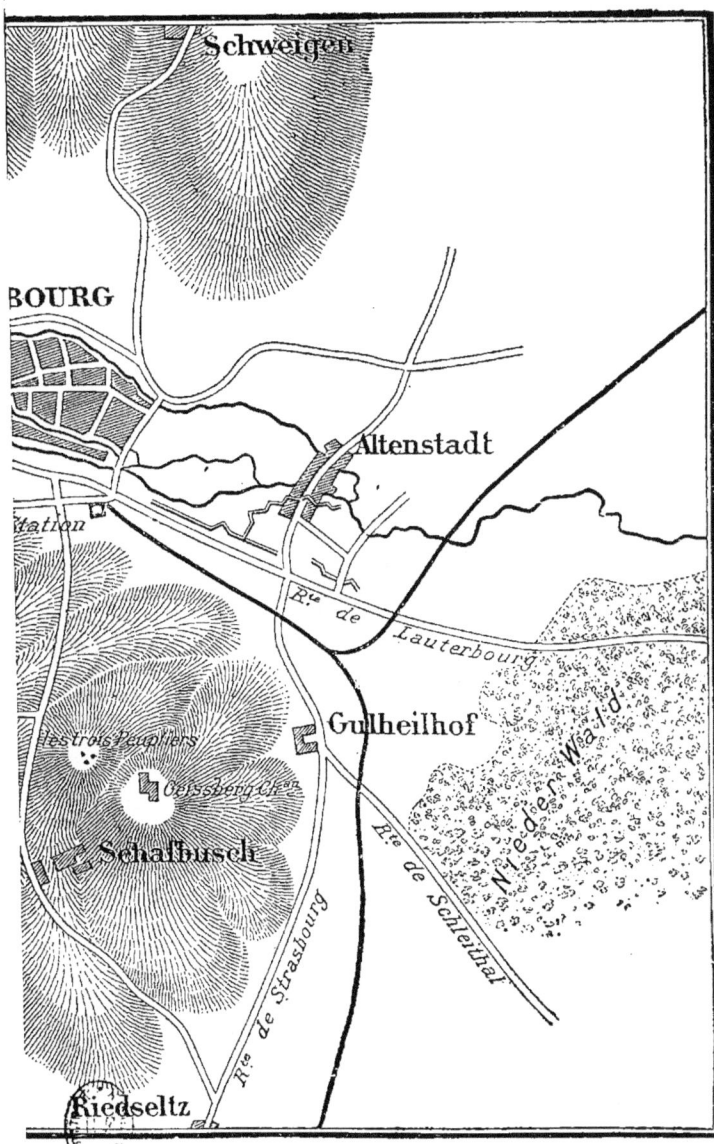

WISSEMBOURG

Histoire générale de la Guerre 1870-71.

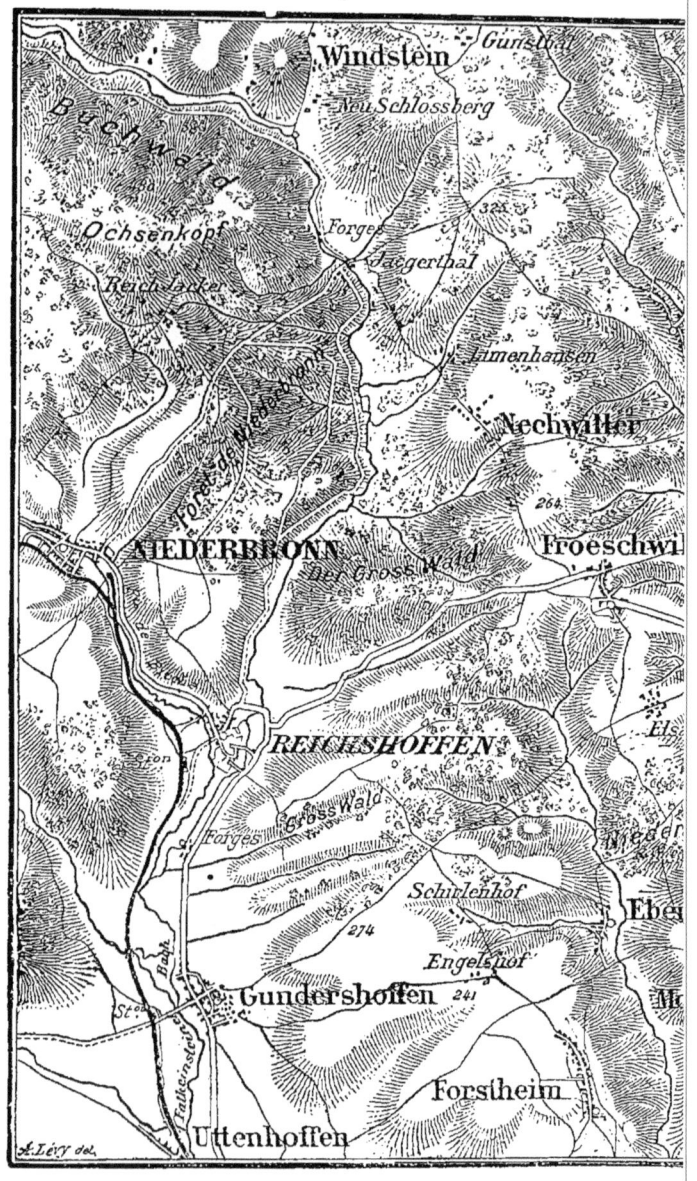

CHAMP DE

T. 1. — 5.

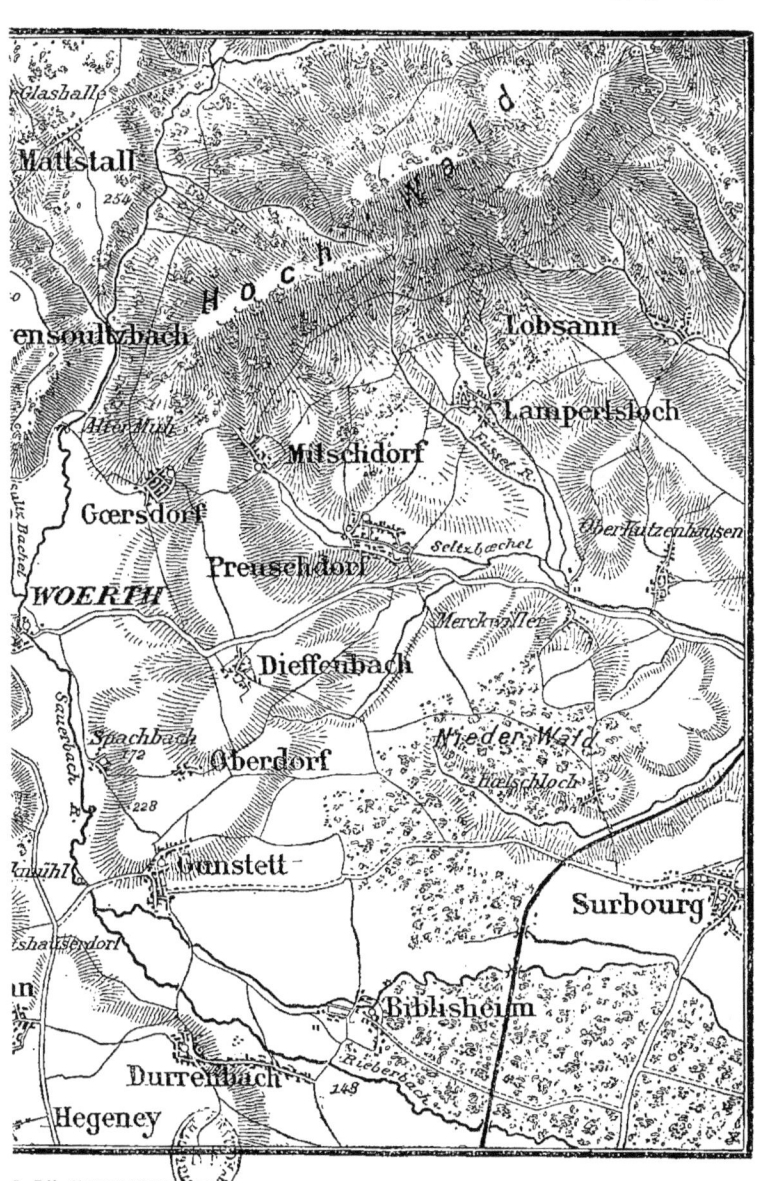

Histoire générale de la Guerre 1870-71. T. 1. — 6.

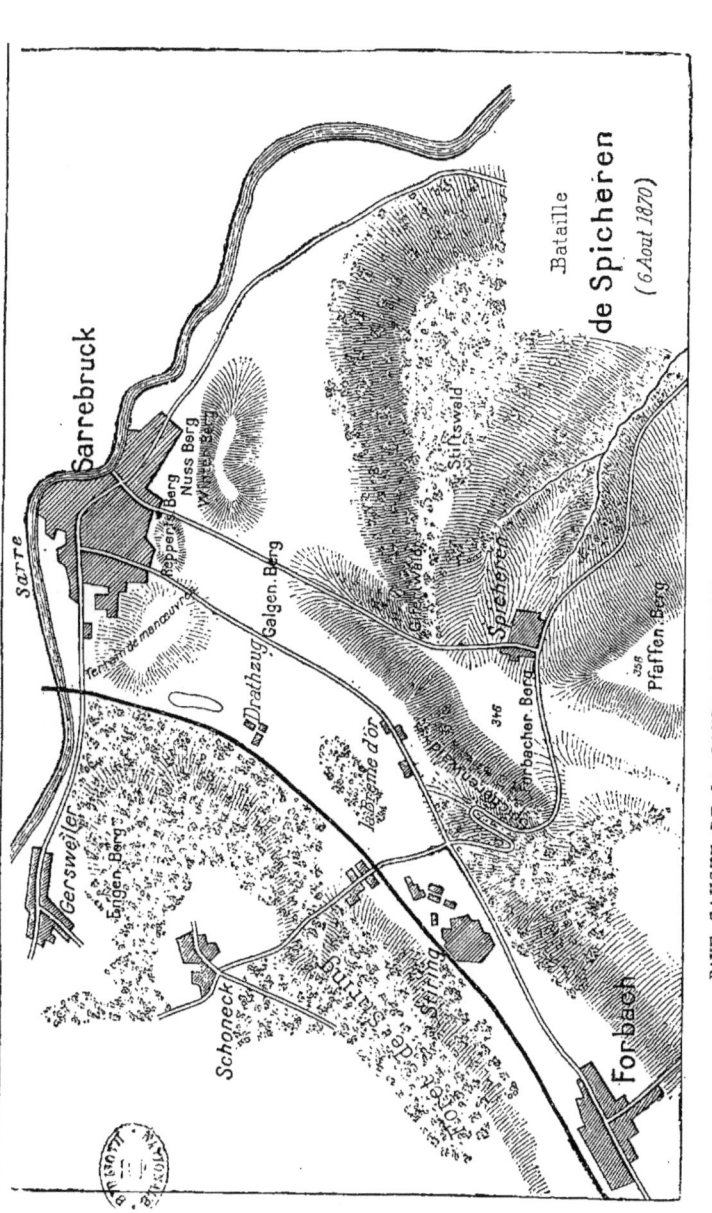

RIVE GAUCHE DE LA SARRE ET CHAMP DE BATAILLE DE SPICHEREN

Histoire générale de la Guerre 1870-71.

T. I. — 7.

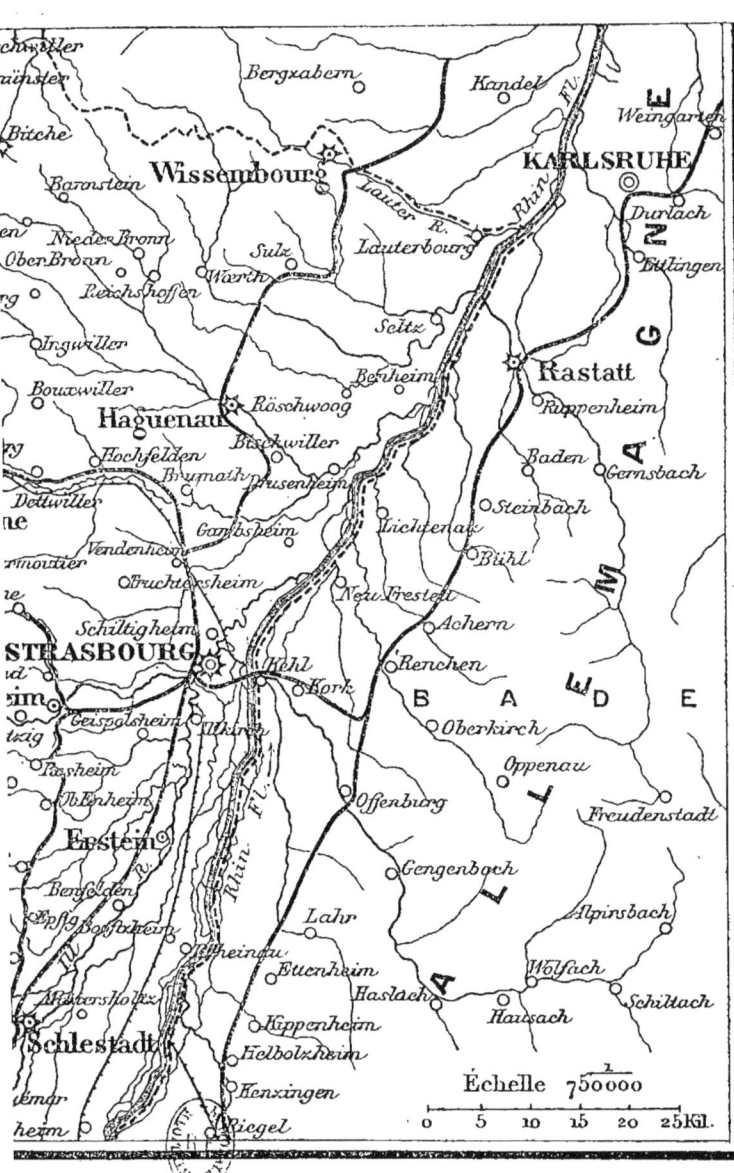

Histoire générale de la Guerre 1870-71.

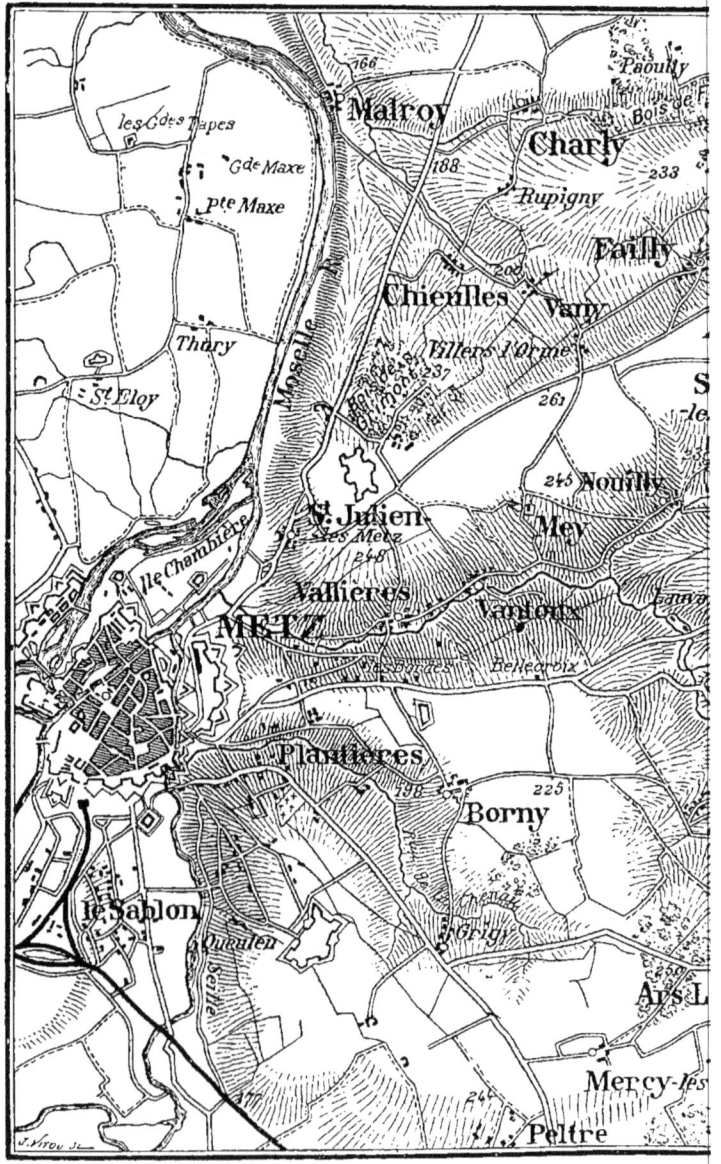

CHAMPS DE BATAILLE

T. 1. — 8.

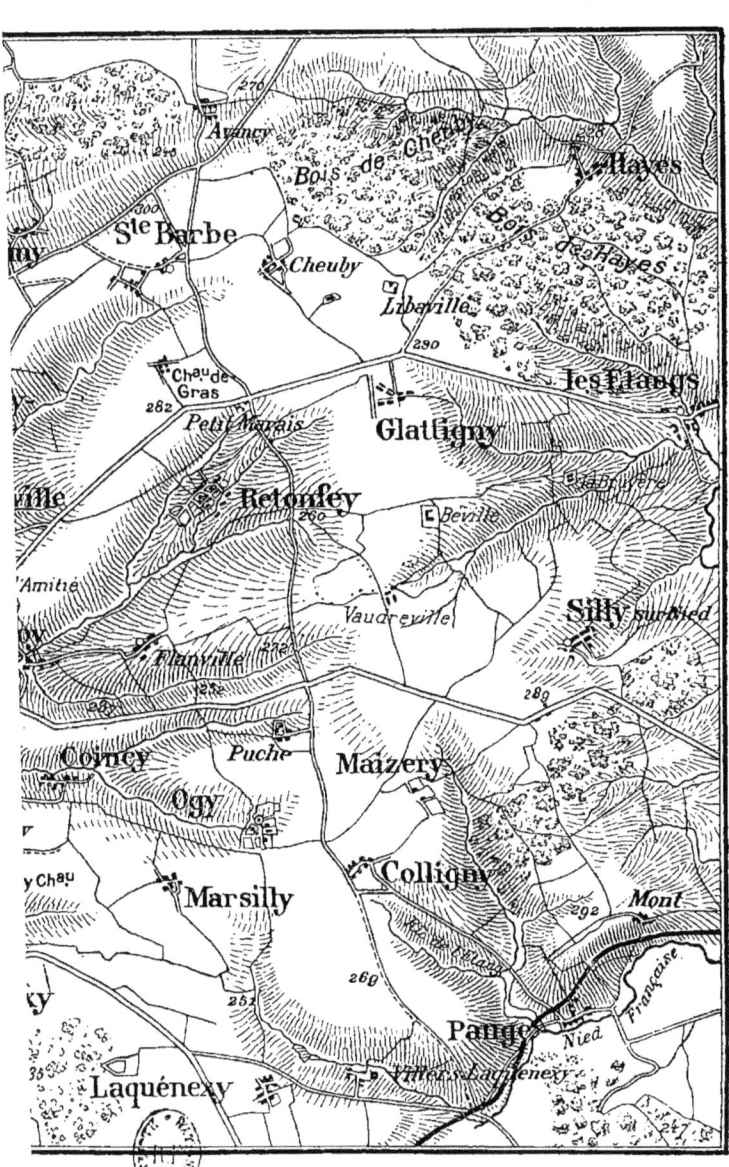

Histoire générale de la Guerre 1870-71.

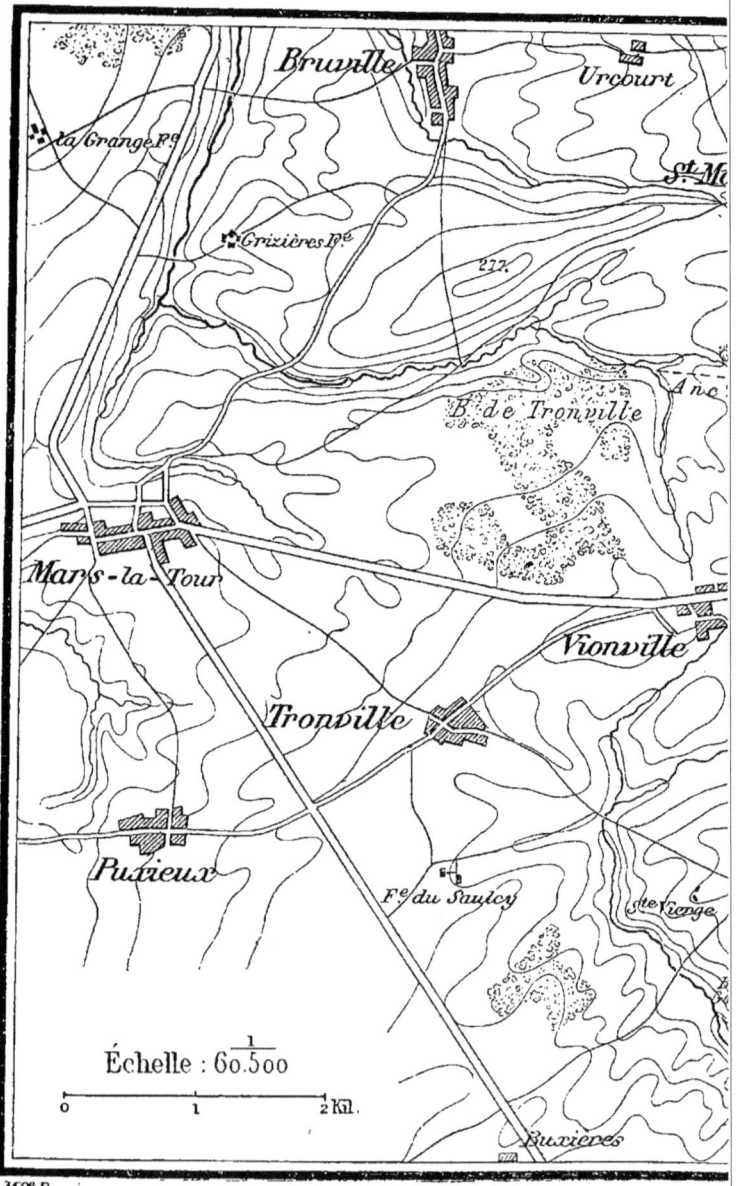

CHAMP DE B.

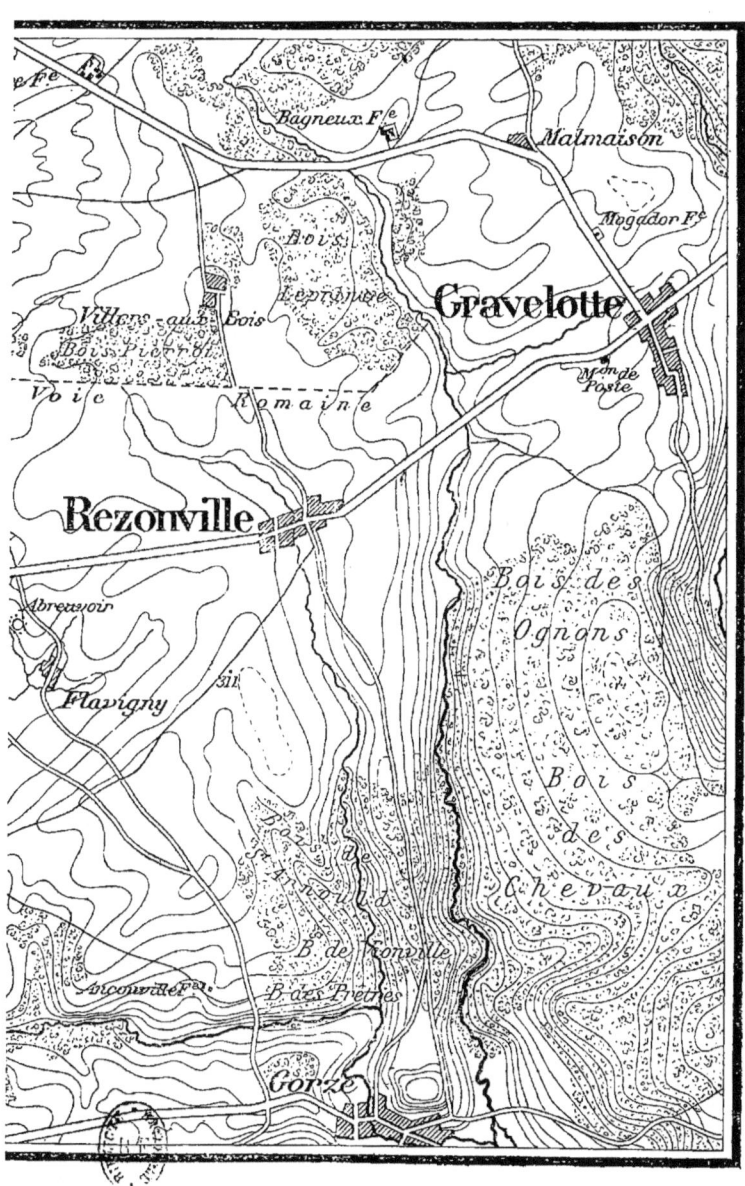

DE REZONVILLE

Histoire générale de la Guerre 1870-71.

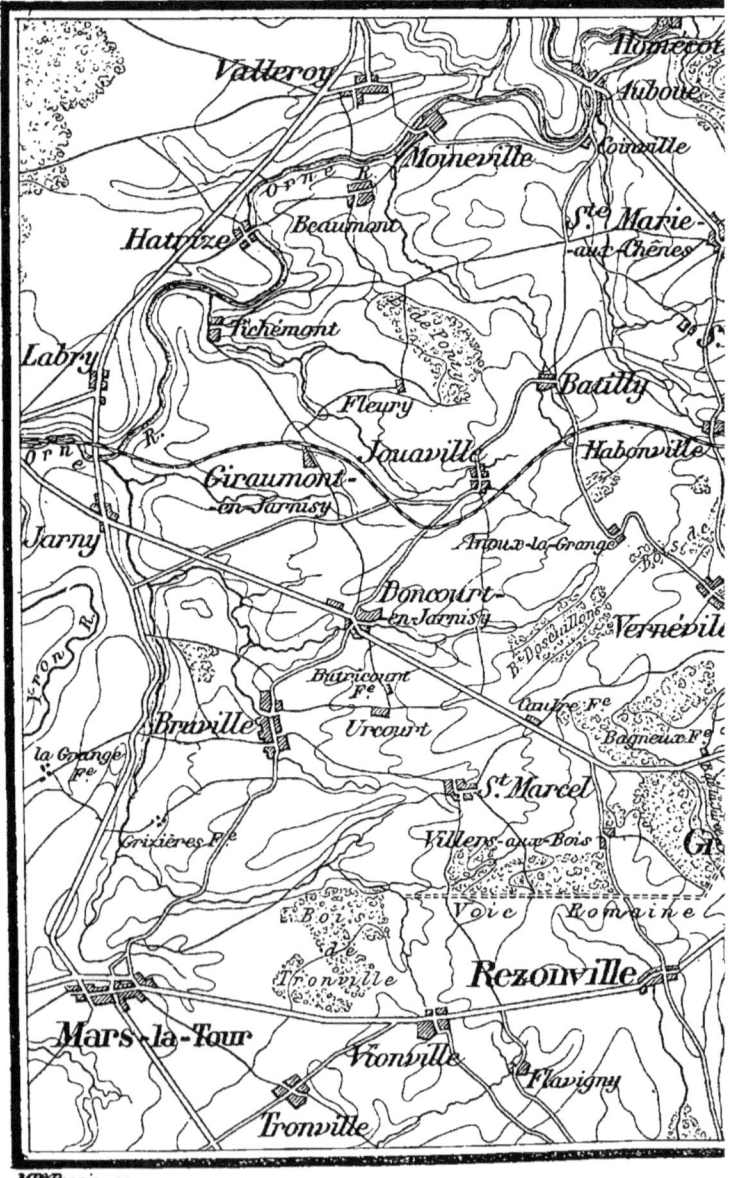

CHAMP DE BA

T. II. — 10.

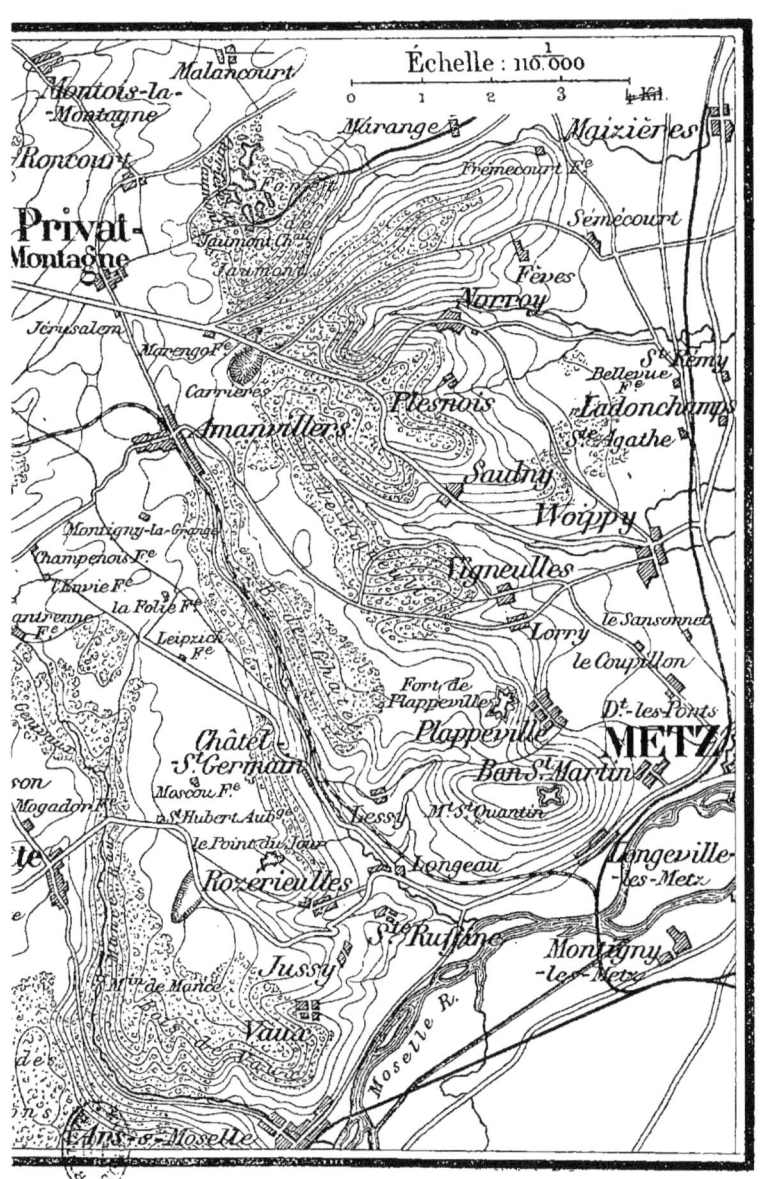

DE SAINT-PRIVAT

Histoire générale de la Guerre 1870-71.

T. II. — 11.

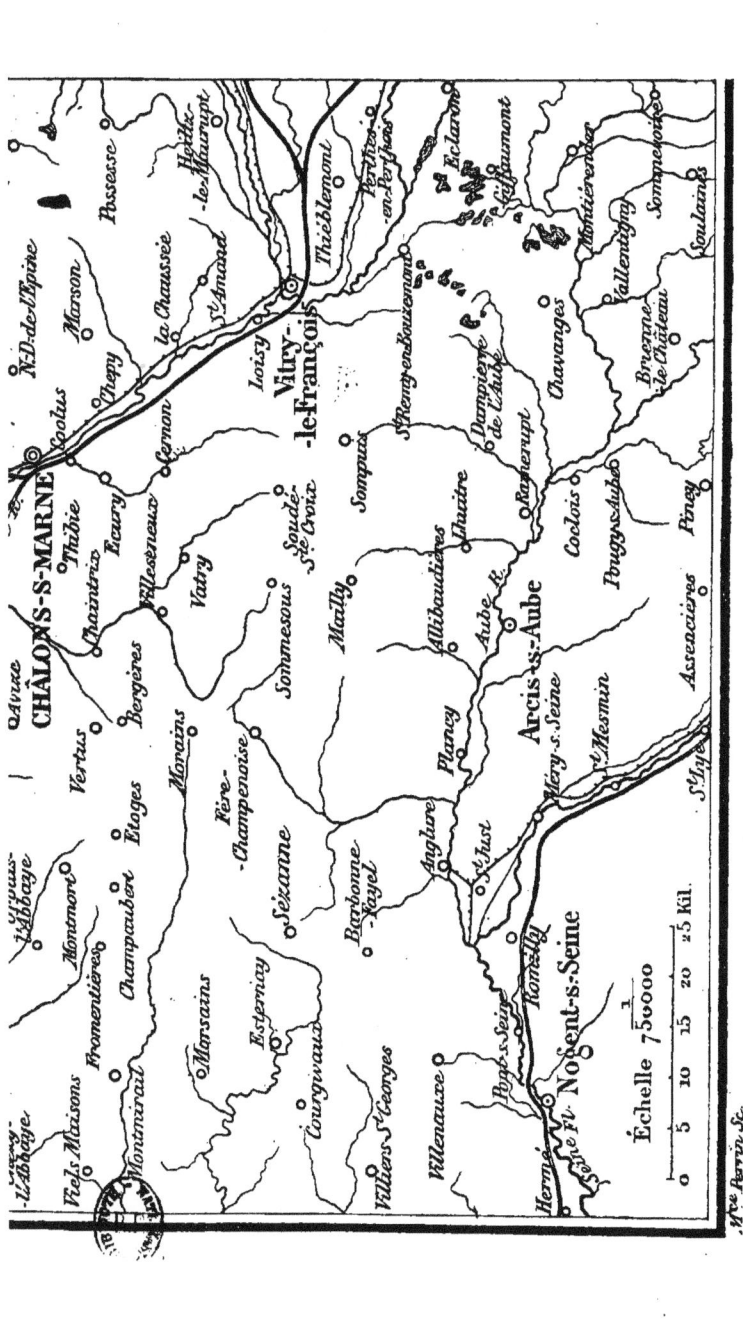

THÉATRE DES OPÉRATIONS DE L'ARMÉE DE CHALONS (1re FEUILLE)

Histoire générale de la Guerre 1870-74.

T. II. 12.

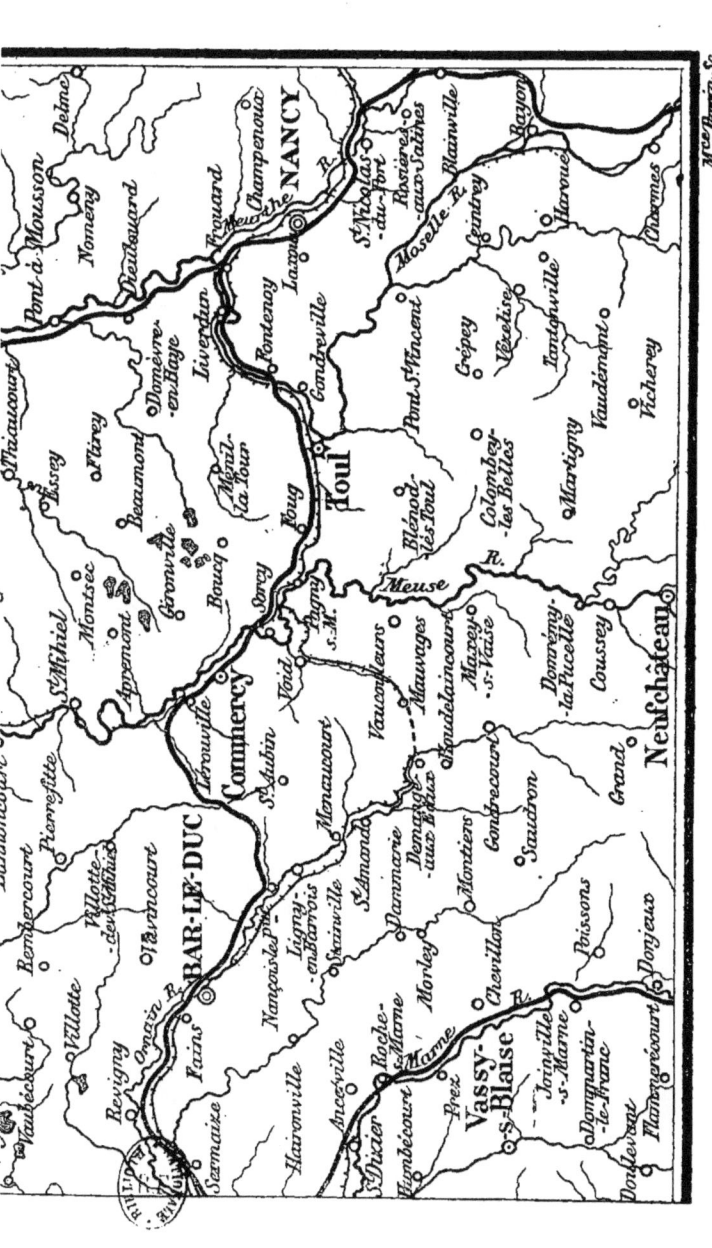

THÉATRE DES OPÉRATIONS DE L'ARMÉE DE CHALONS (2º FEUILLE)

Histoire générale de la Guerre 1870-71.   T. II. — 13.

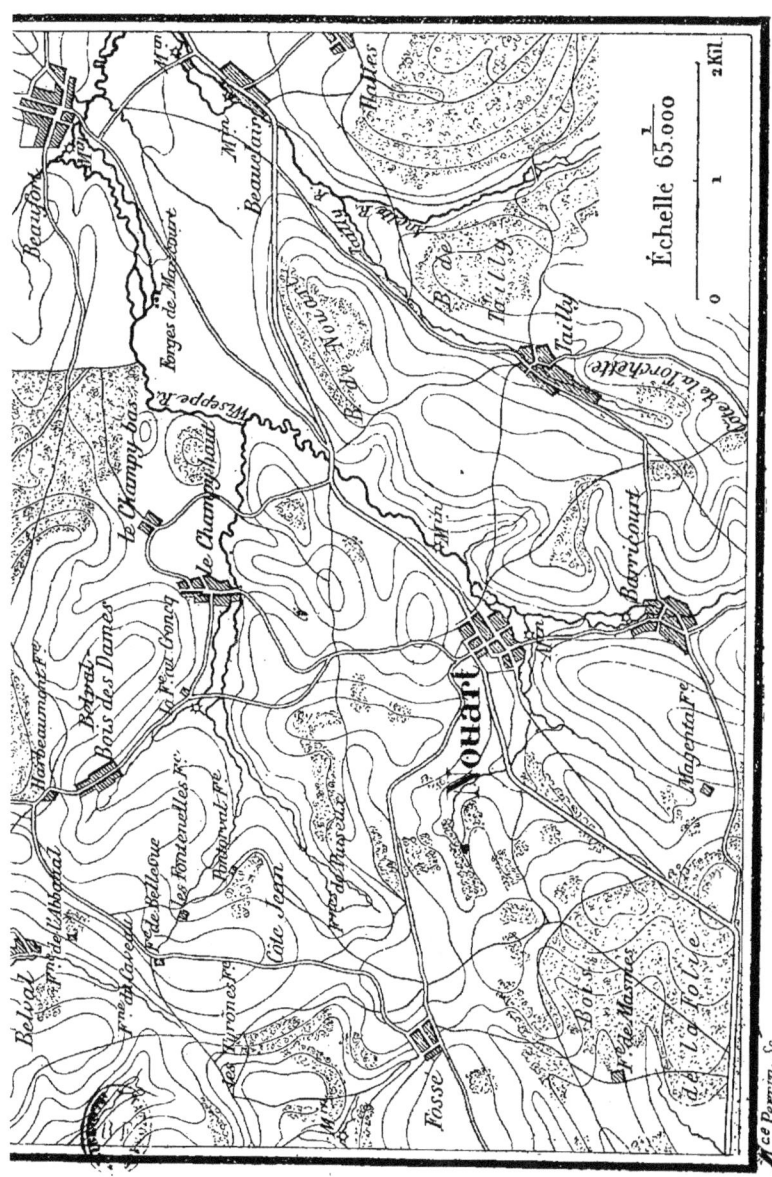

ENVIRONS DE BEAUMONT — COMBAT DE NOUART

Histoire générale de la Guerre 1870-71.

CHAMP DE BATAILLE DE SEDAN

T. II. — 14.

Histoire générale de la Guerre 1870-71.

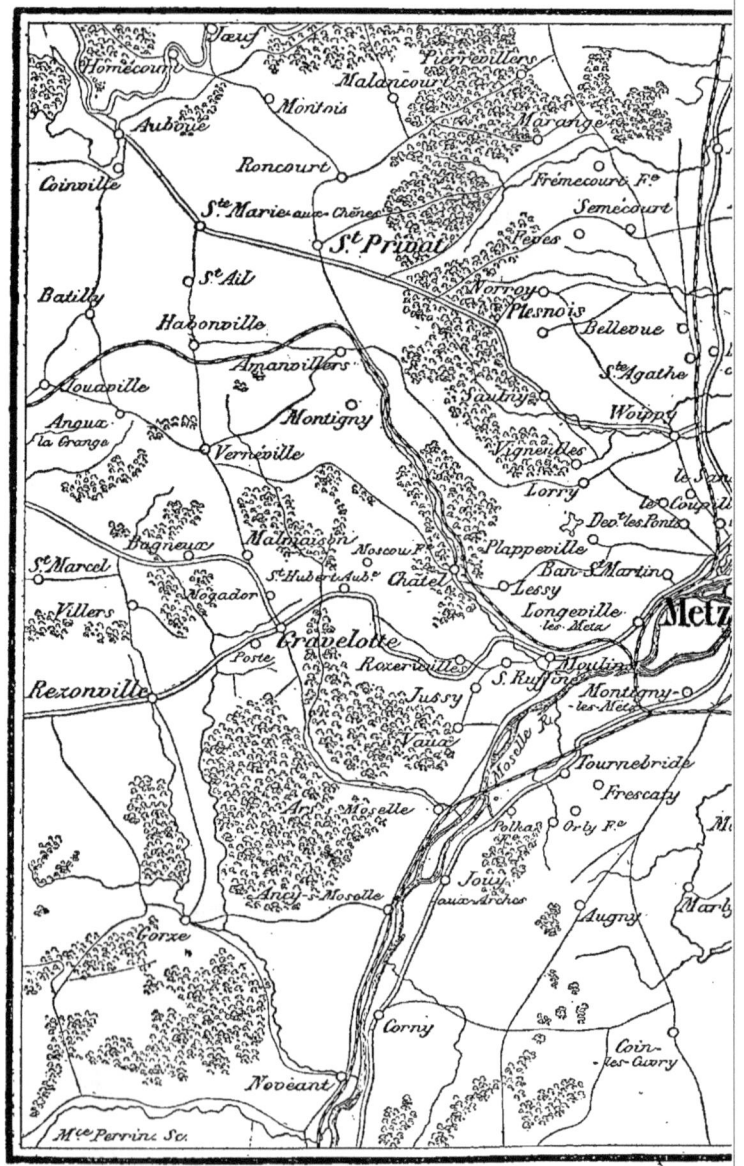

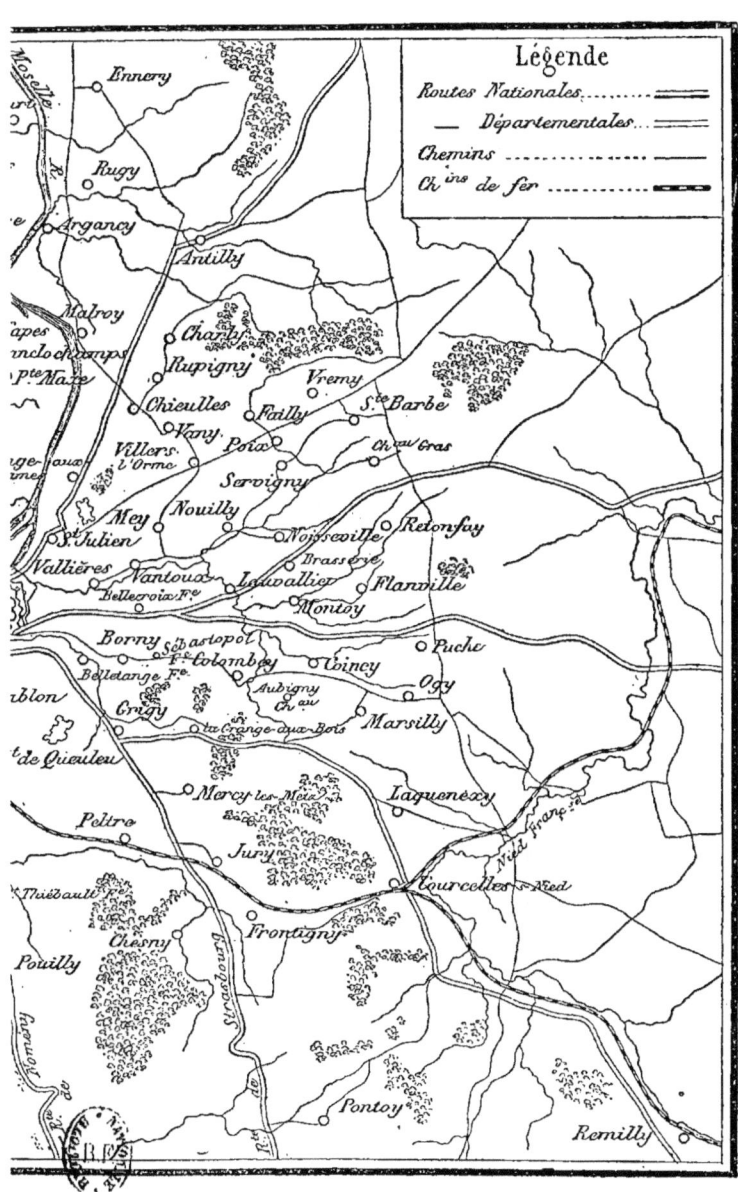

Histoire générale de la Guerre 1870-71.

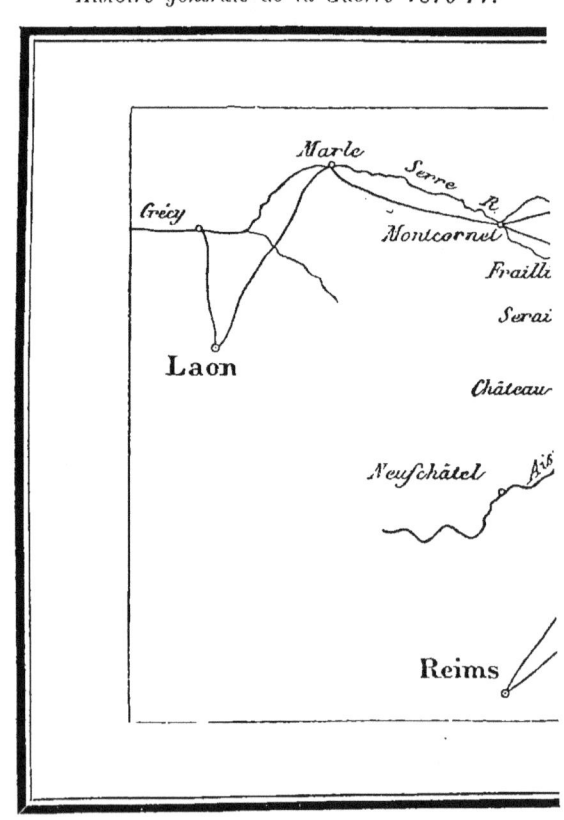

RETRAIT

T. III. — 16.

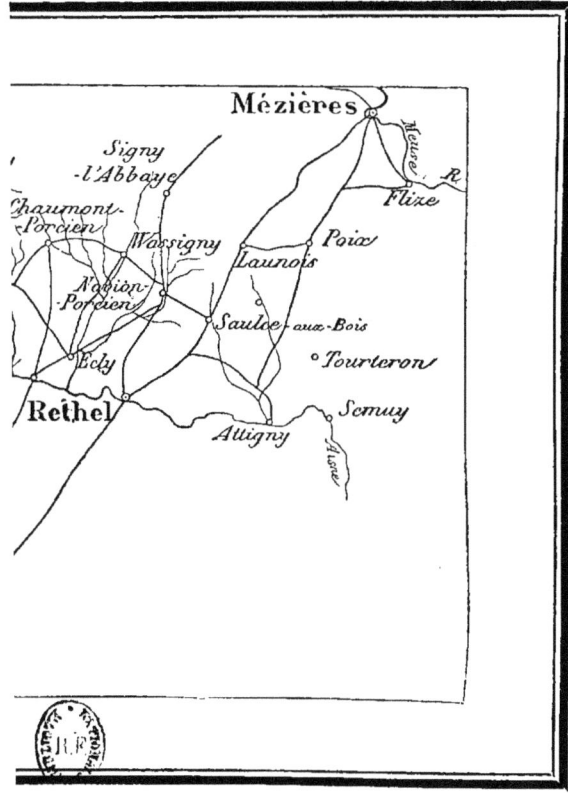

3ᵉ CORPS

Histoire générale de la Guerre 1870-71.

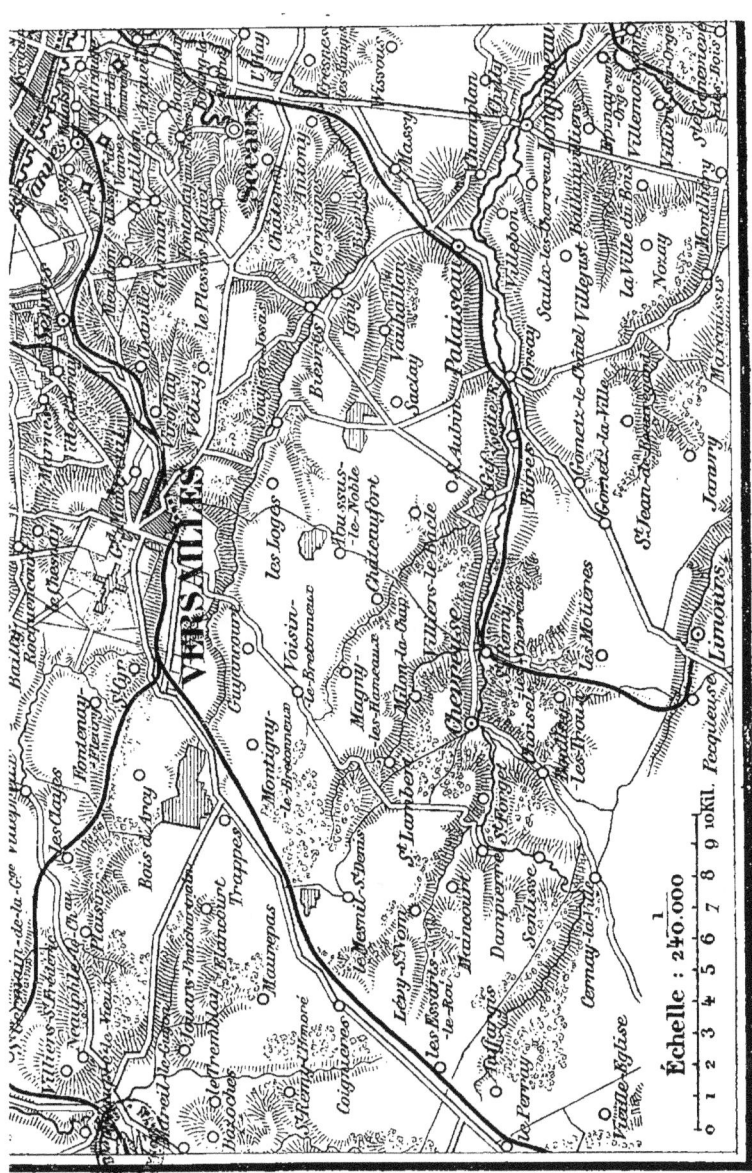

ENVIRONS DE PARIS — OUEST

Histoire générale de la Guerre 1870-71.

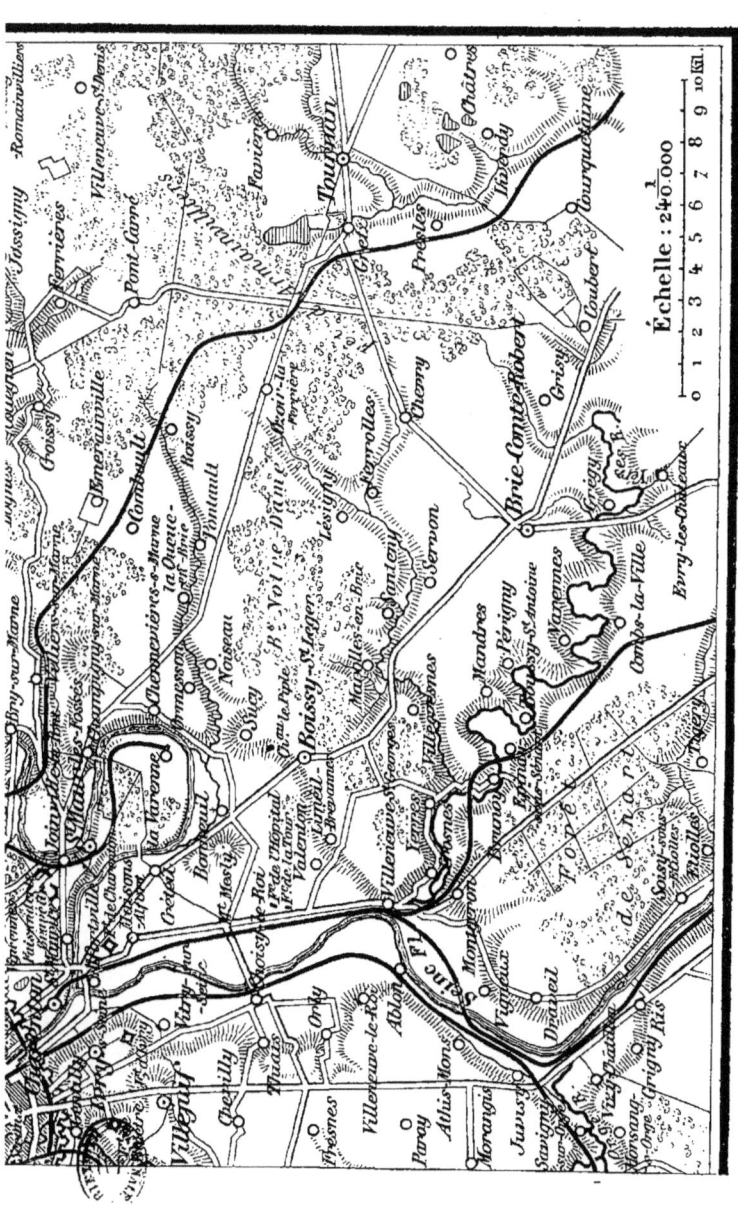

ENVIRONS DE PARIS — EST

Histoire générale de la Guerre 1870-71.

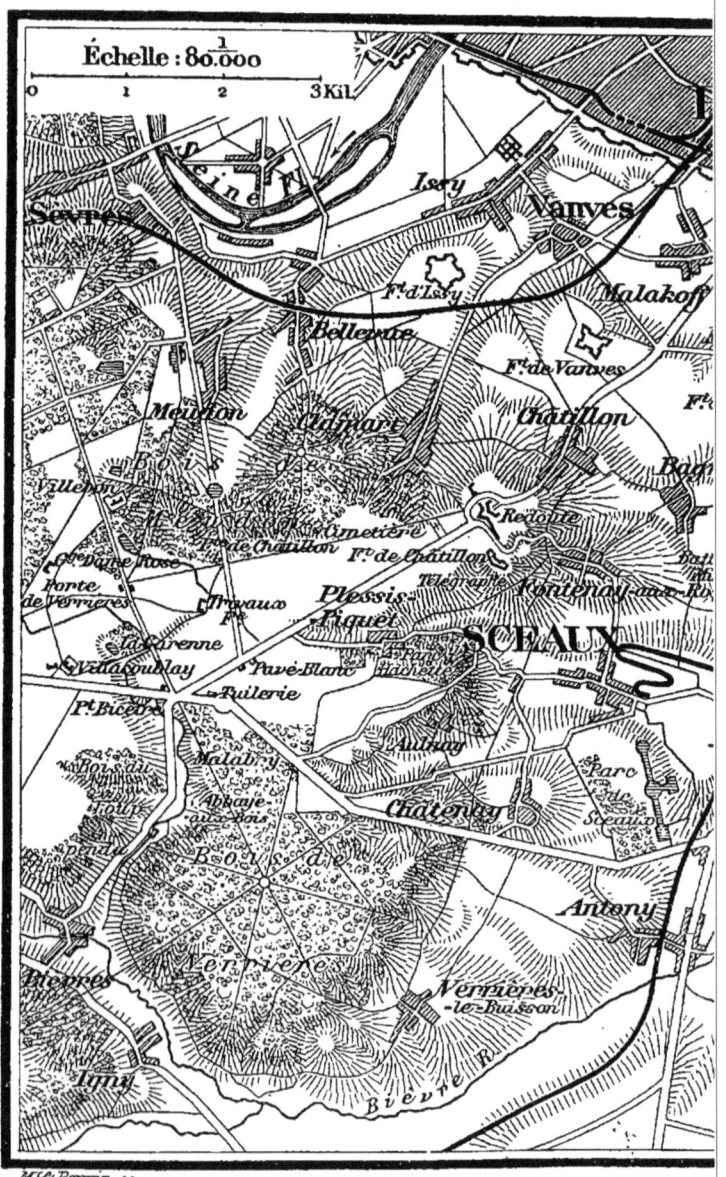

RÉGION SUD DE PA[RIS]

T. III. — 19.

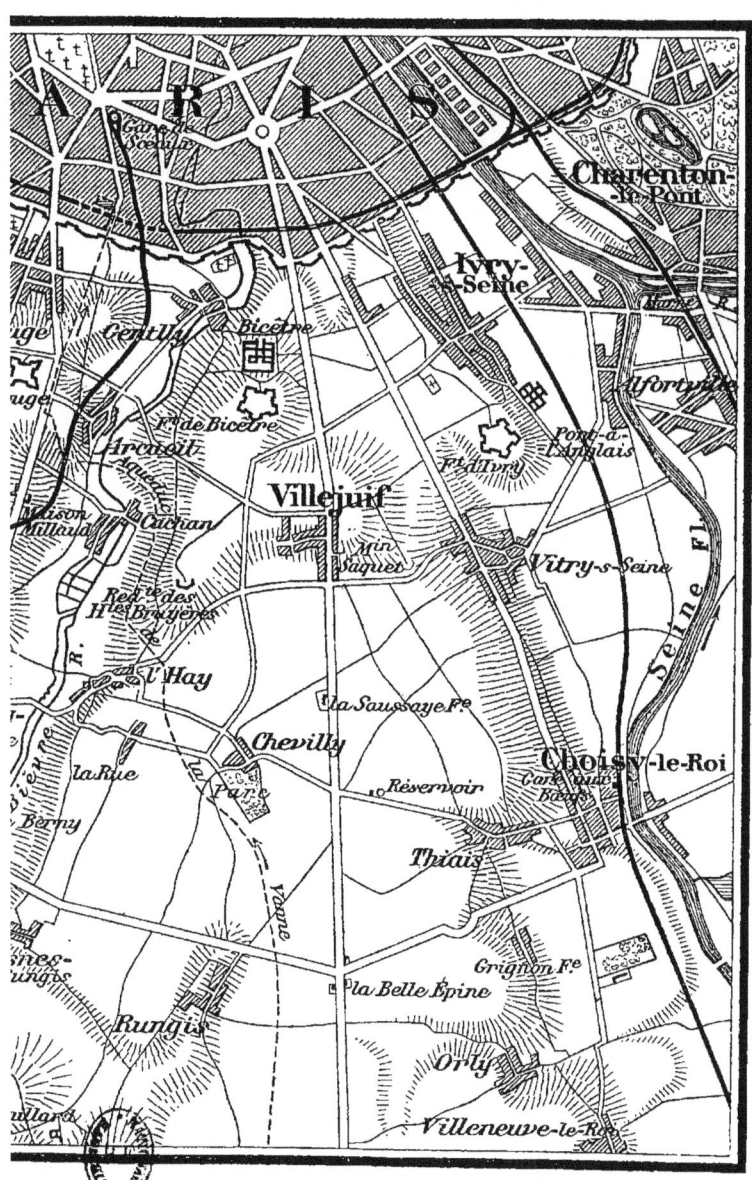

COMBAT DE CHATILLON

Histoire générale de la Guerre 1870-71.

CHAMP DE BATAILLE DE LA

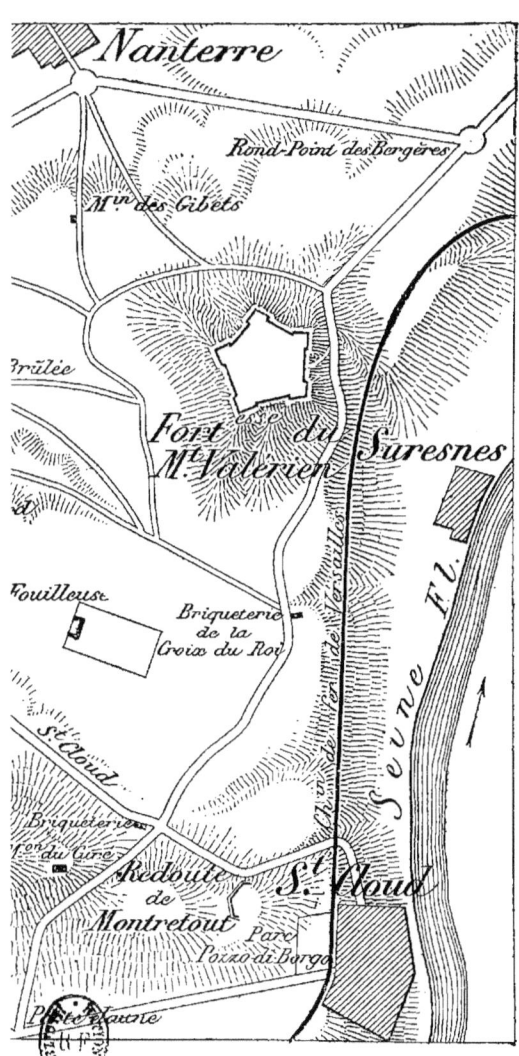

Histoire générale de la Guerre 1870-71.

T. III. — 24.

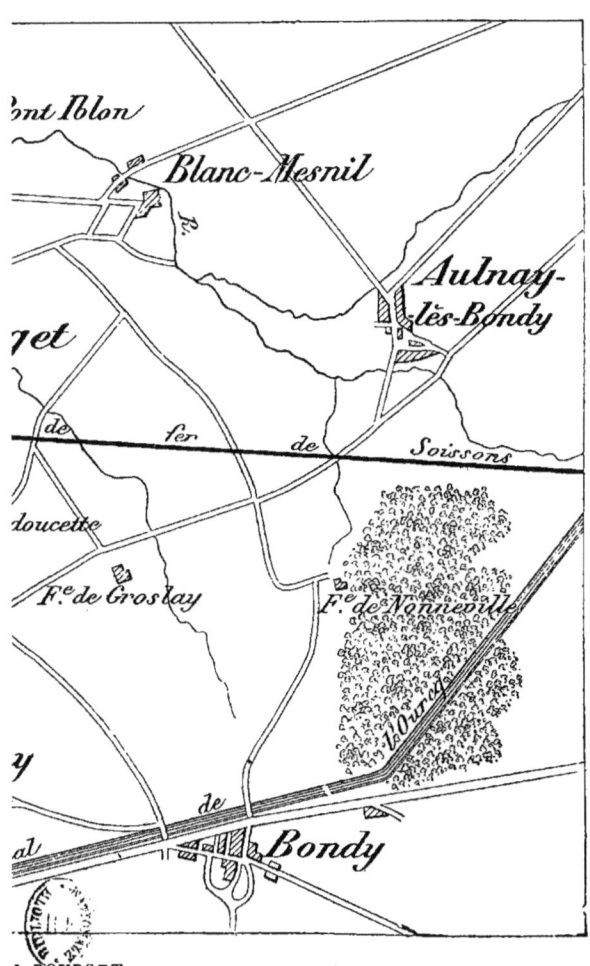

Histoire générale de la Guerre 1870-71.

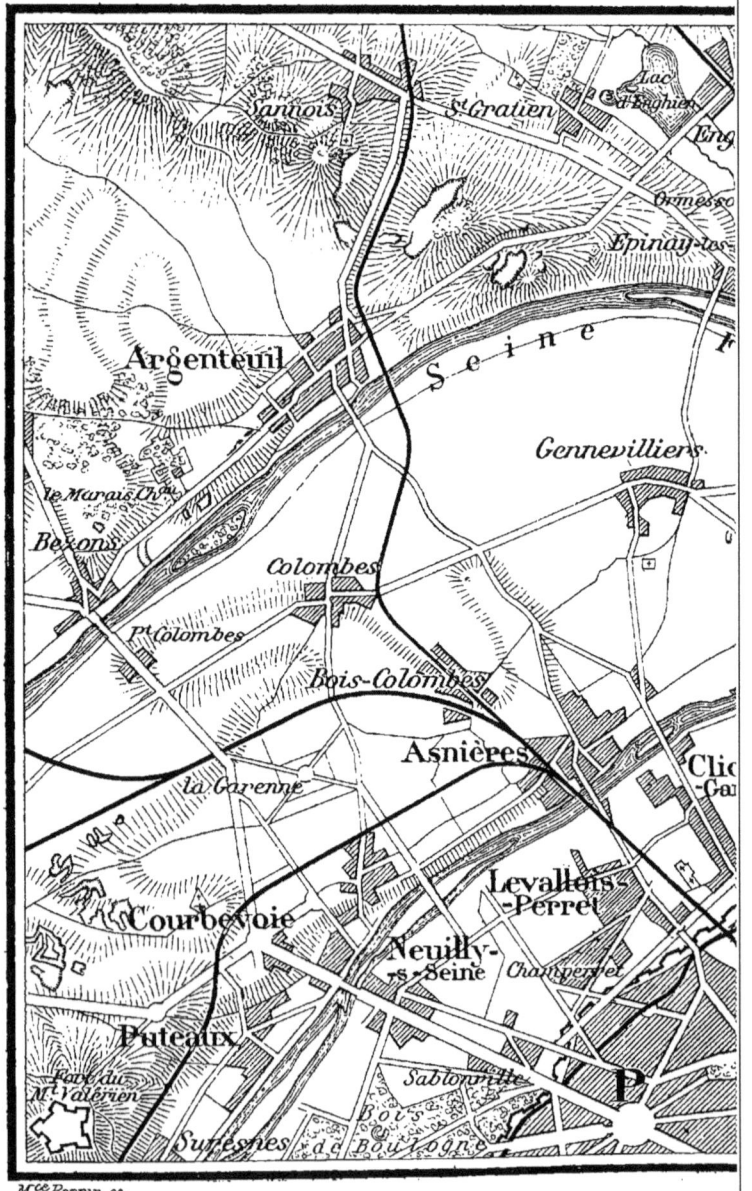

RÉGION NORD DE PA

T. III. — 22.

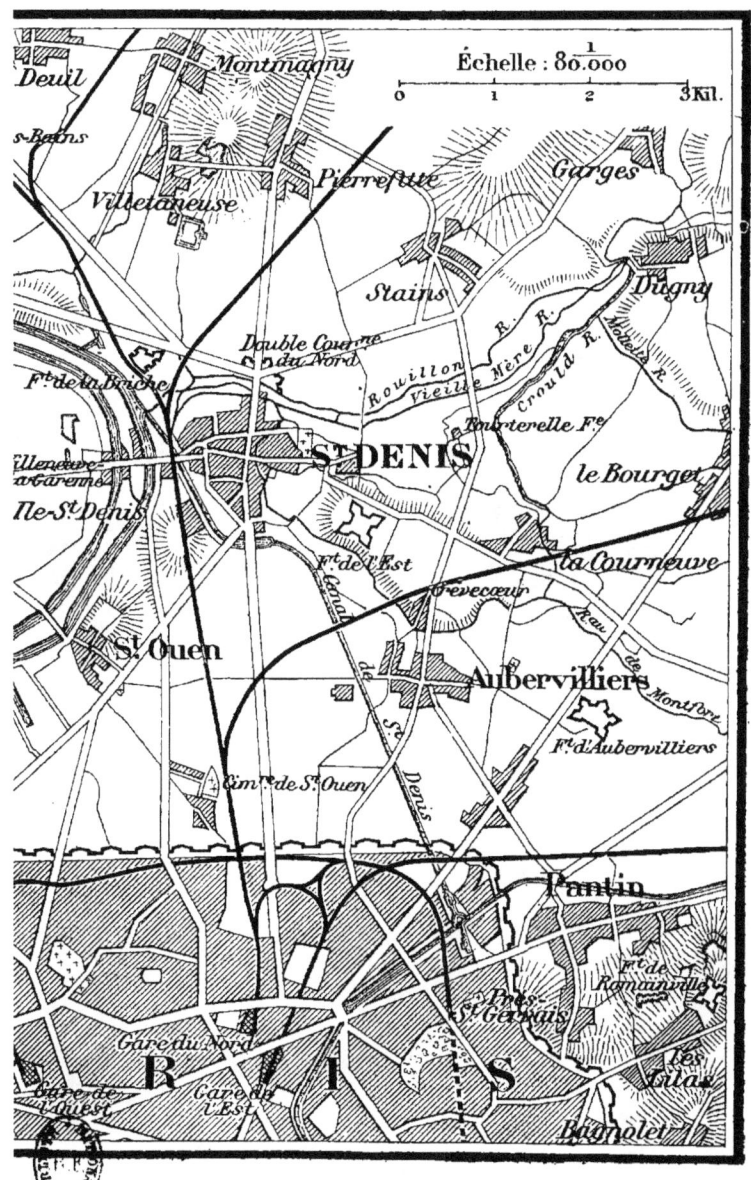

Histoire générale de la Guerre 1870-71.

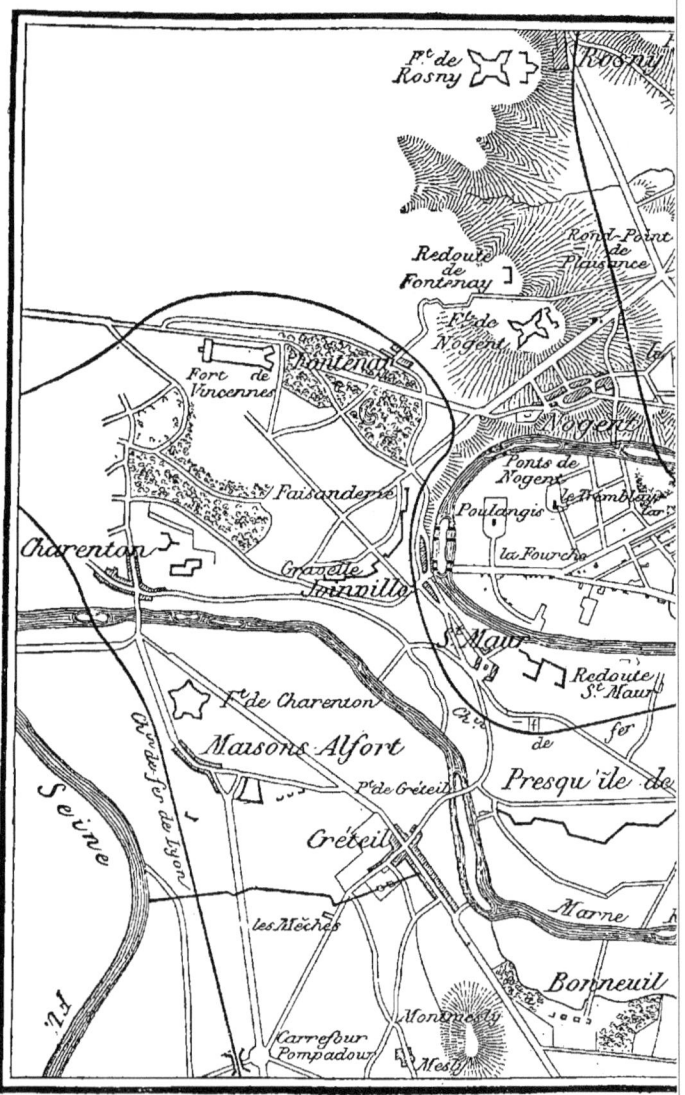

BATAILLE

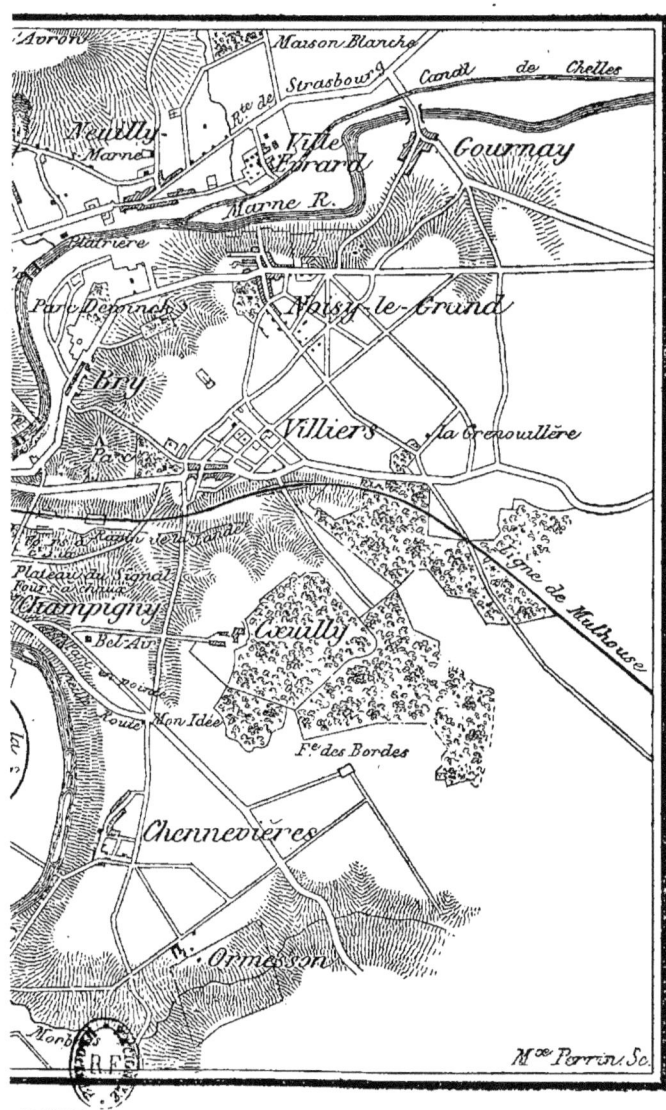

MARNE

Histoire générale de la Guerre 1870-74.

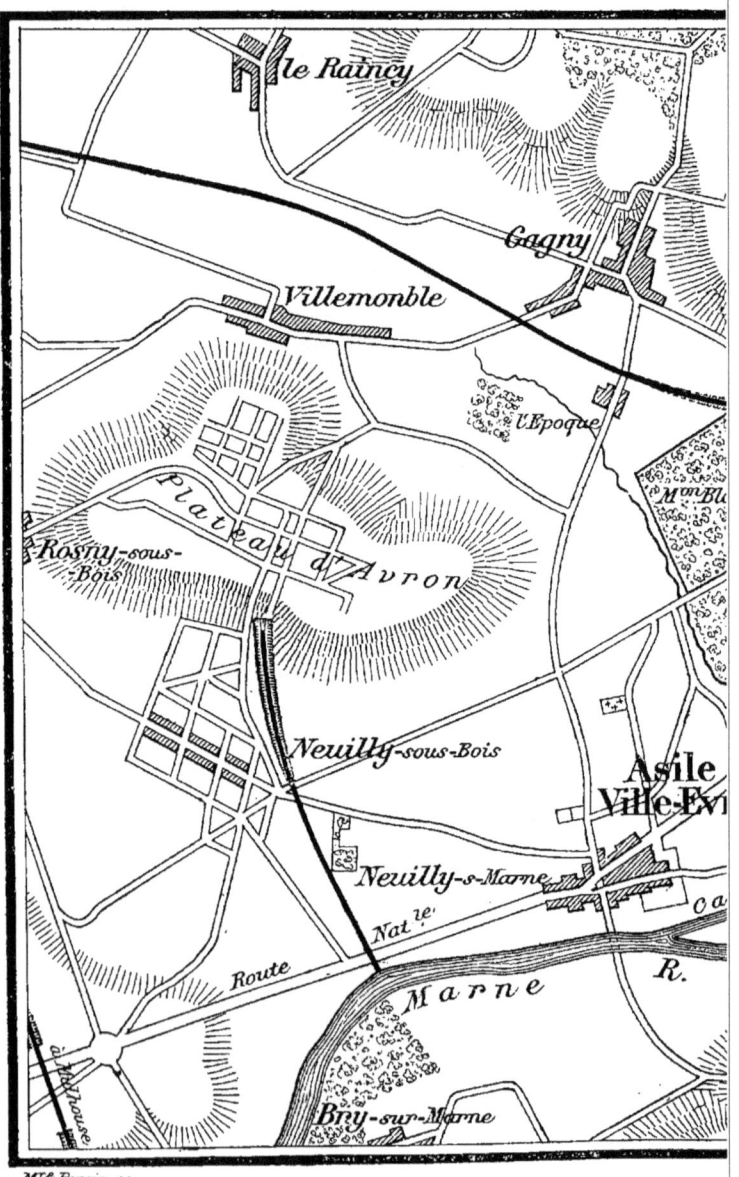

LA MAISON-BLAN

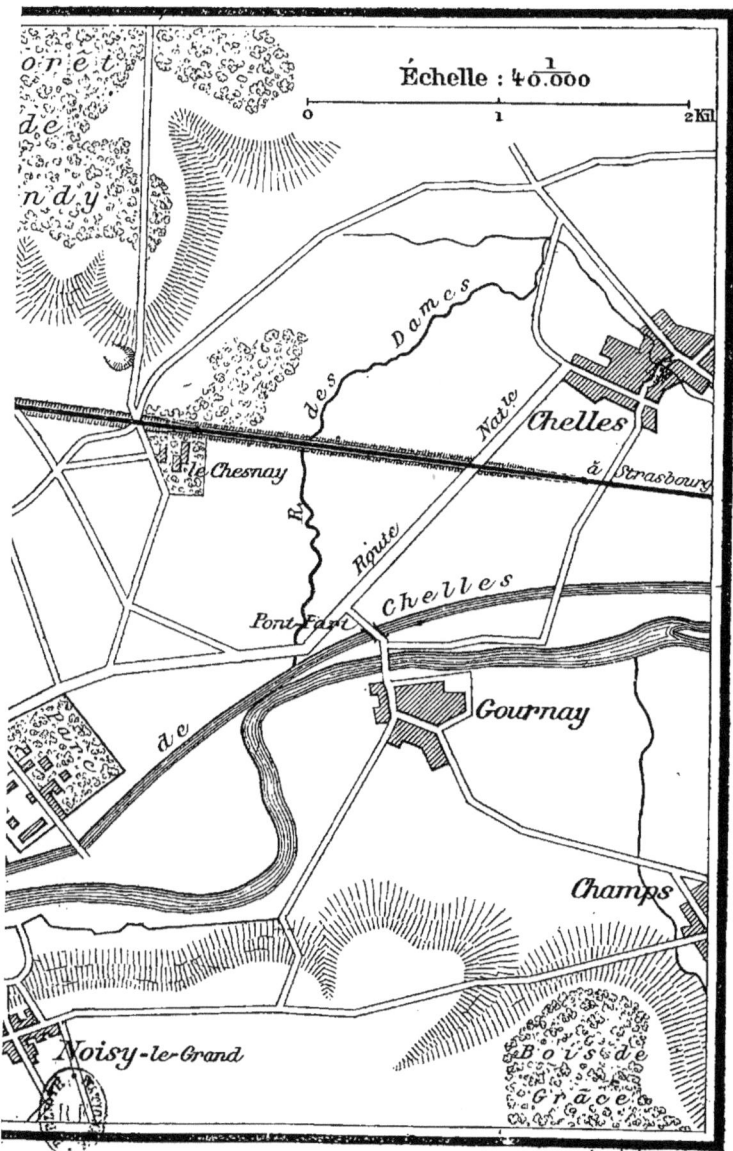

LA VILLE-ÉVRARD

Histoire générale de la Guerre 1870-71.

THÉATRE GÉNÉRAL DES OP[ÉRATIONS]

T. IV. — 25.

Histoire générale de la Guerre 1870-71.

T. IV. — 26.

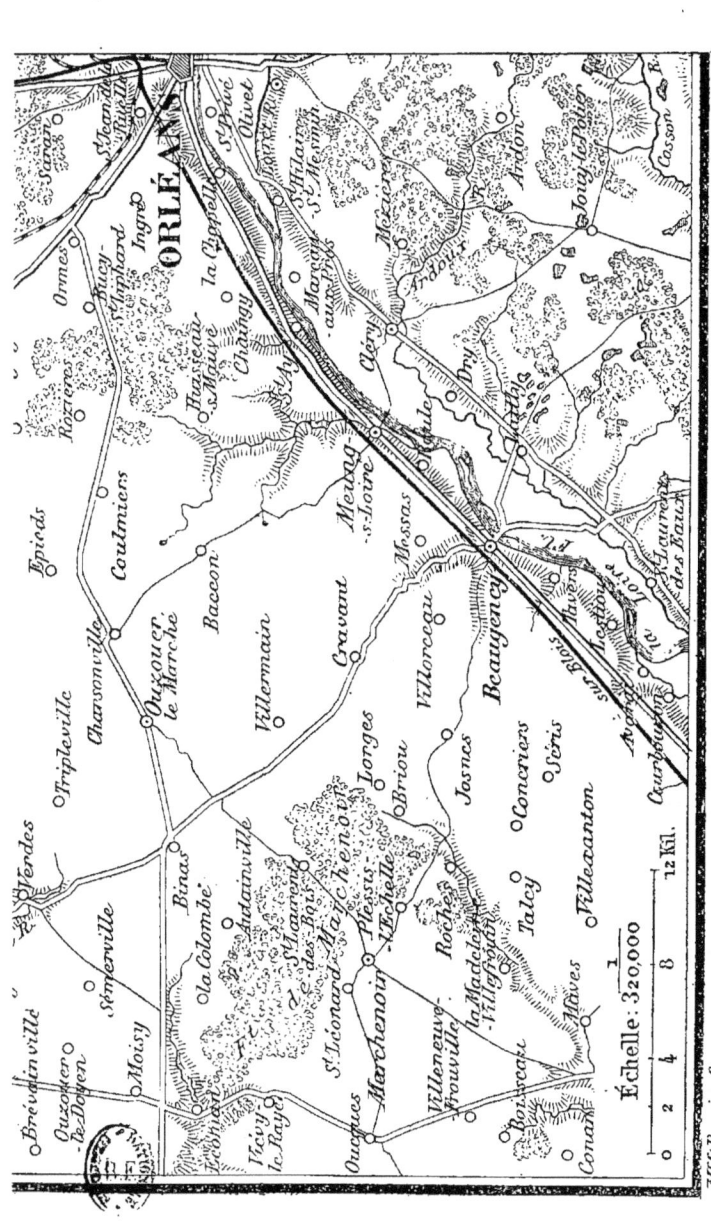

ENVIRONS D'ORLÉANS — OUEST

Histoire générale de la Guerre 1870-71.

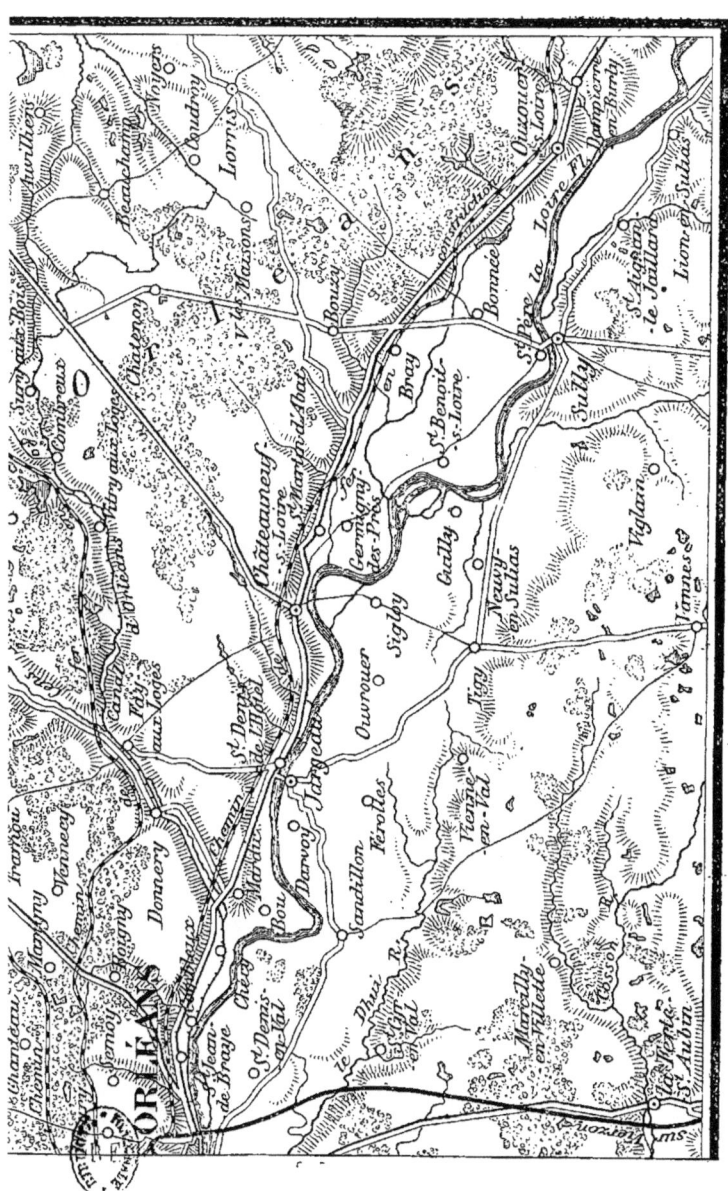

ENVIRONS D'ORLÉANS — EST

Histoire générale de la Guerre de 1870-71. T. IV. — 23.

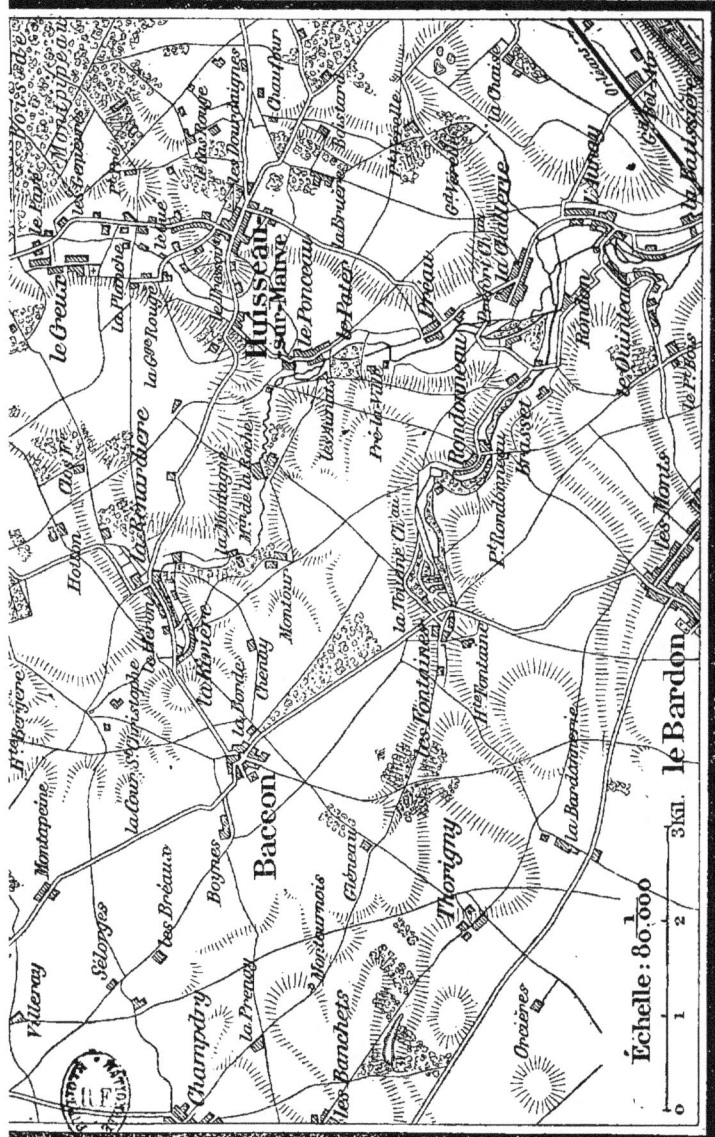

CHAMP DE BATAILLE DE COULMIERS

Histoire générale de la Guerre 1870-71.   T. IV. — 29.

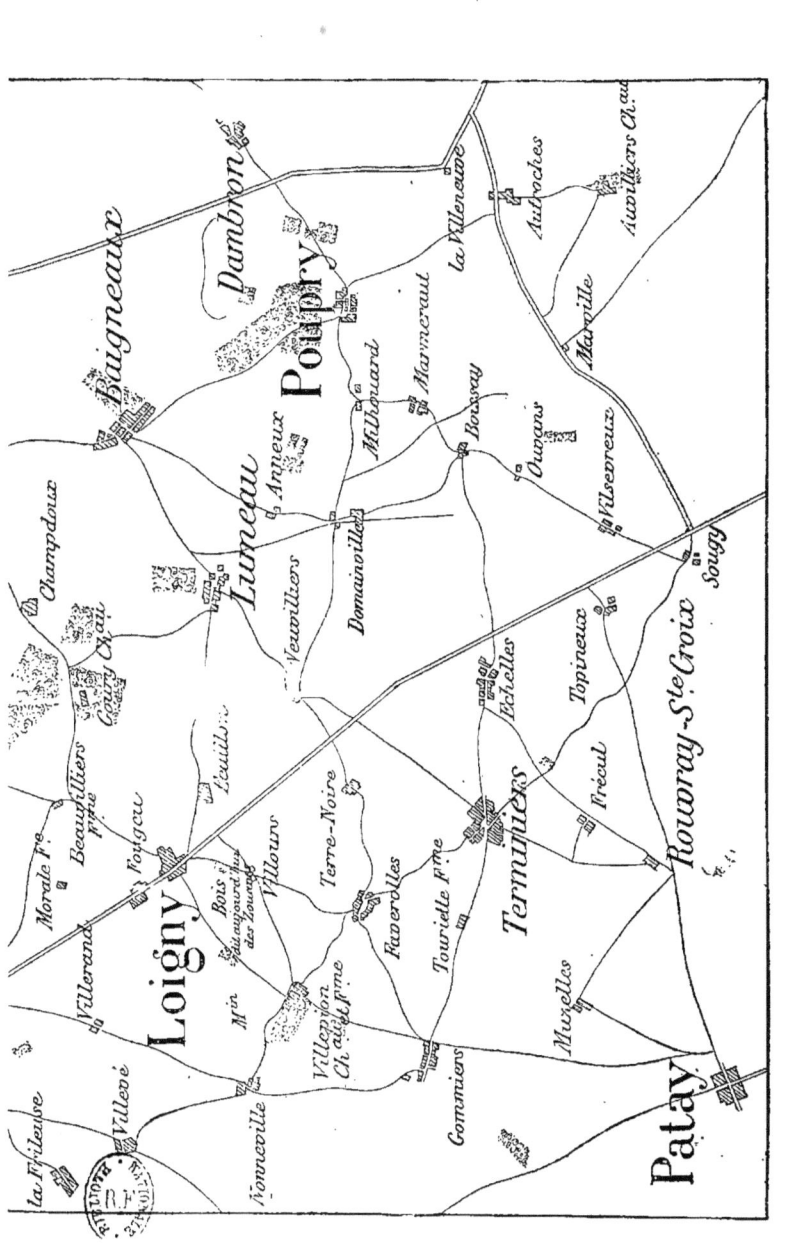

BEAUNE-LA-ROLANDE, LOIGNY-POUPRY

Histoire générale de la Guerre 1870-71.

T. IV. — 30.

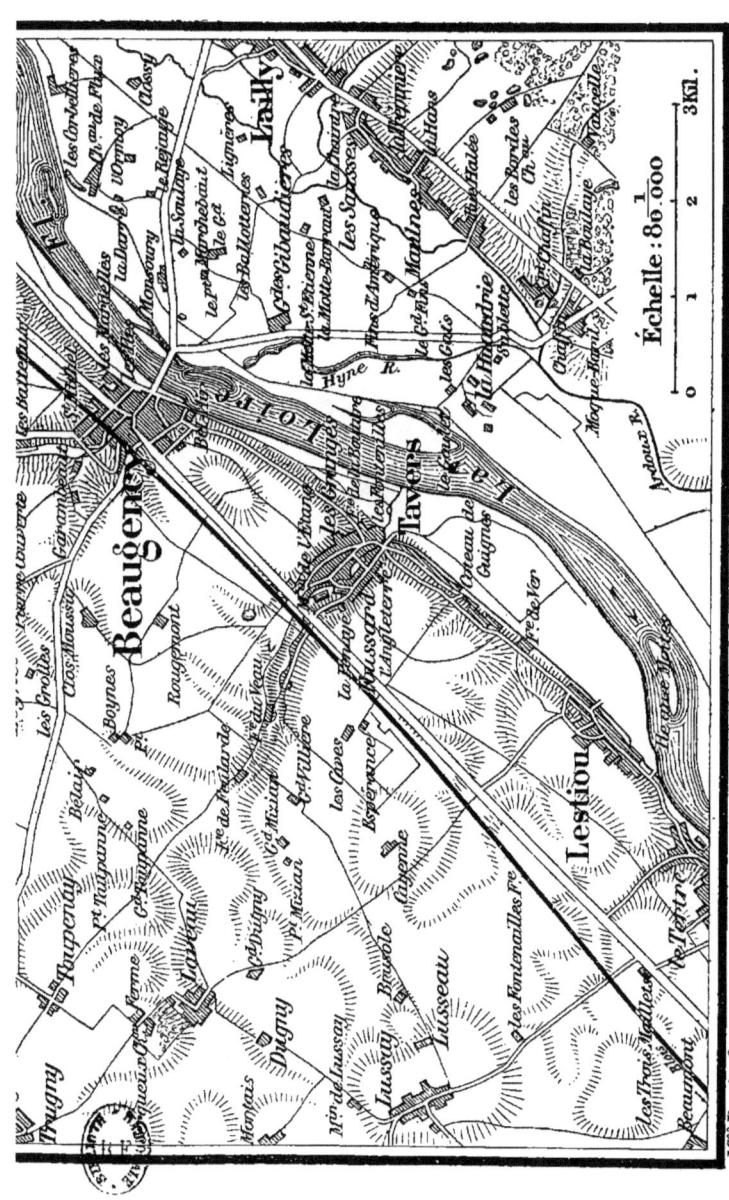

BEAUGENCY-CRAVANT

Histoire générale de la Guerre 1870-71.

T. IV. — 31.

Histoire générale de la Guerre 1870-71.   T. IV. — 32.

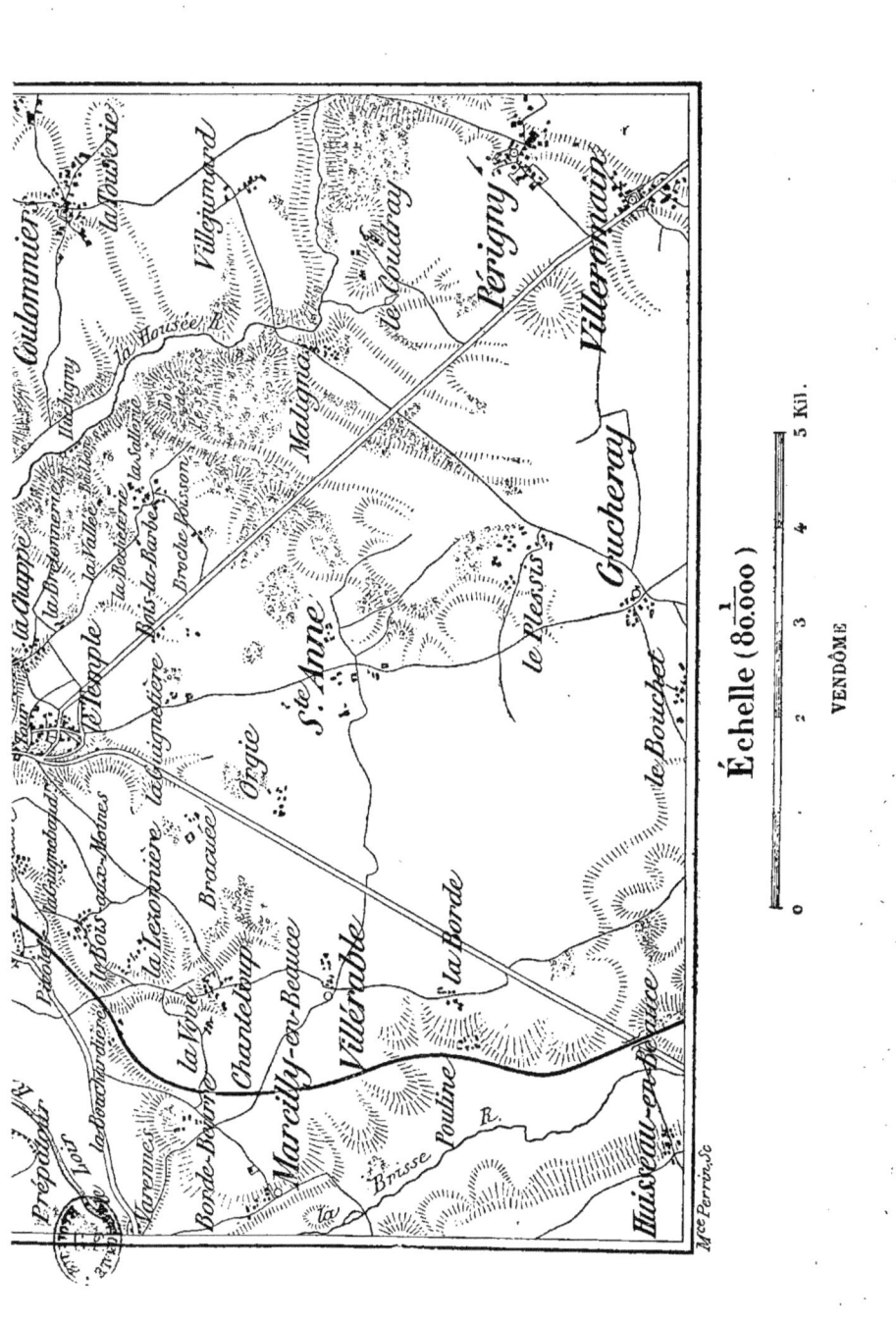

Histoire générale de la guerre 1870-71.

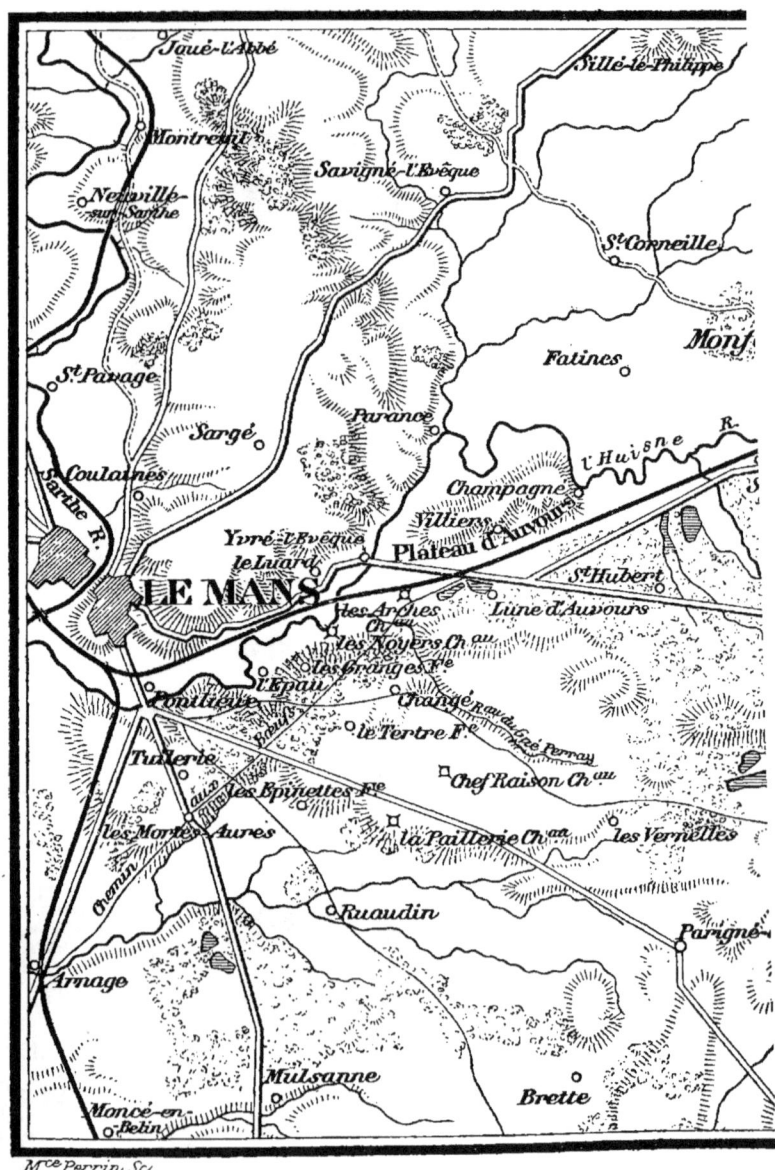

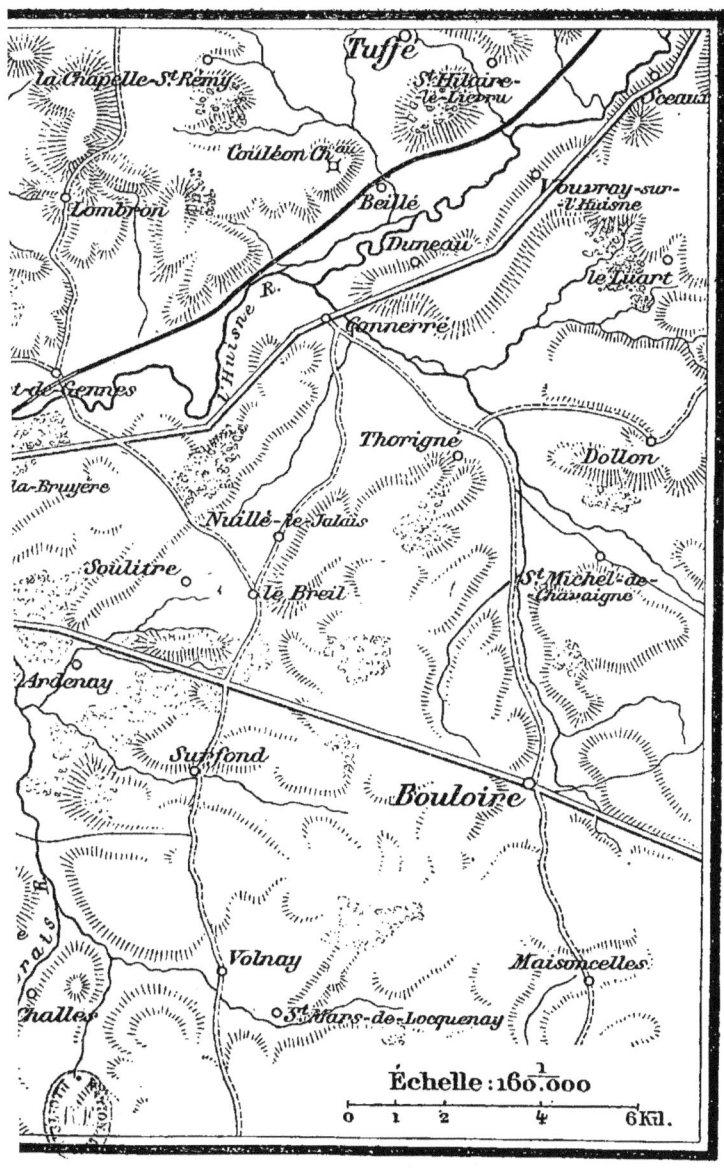

DU MANS

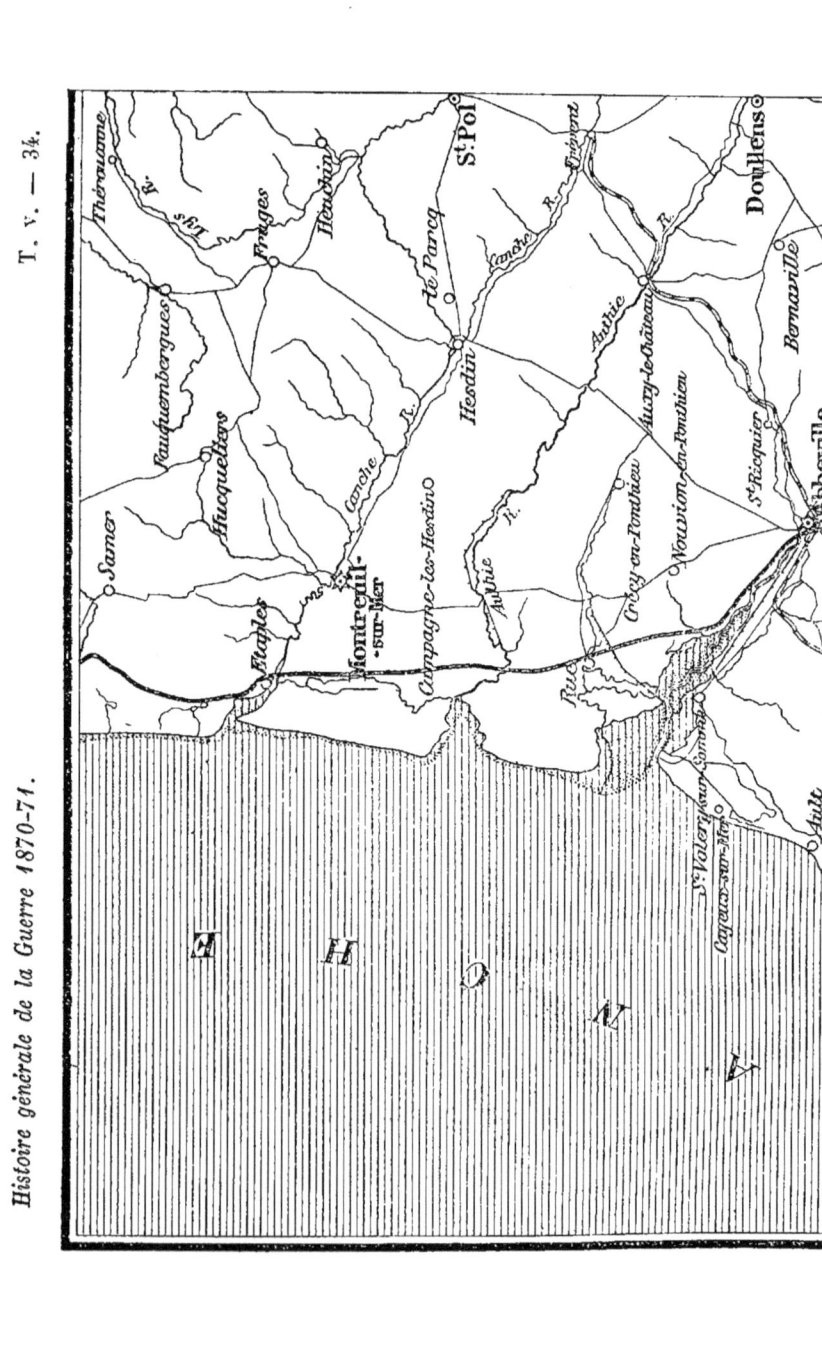

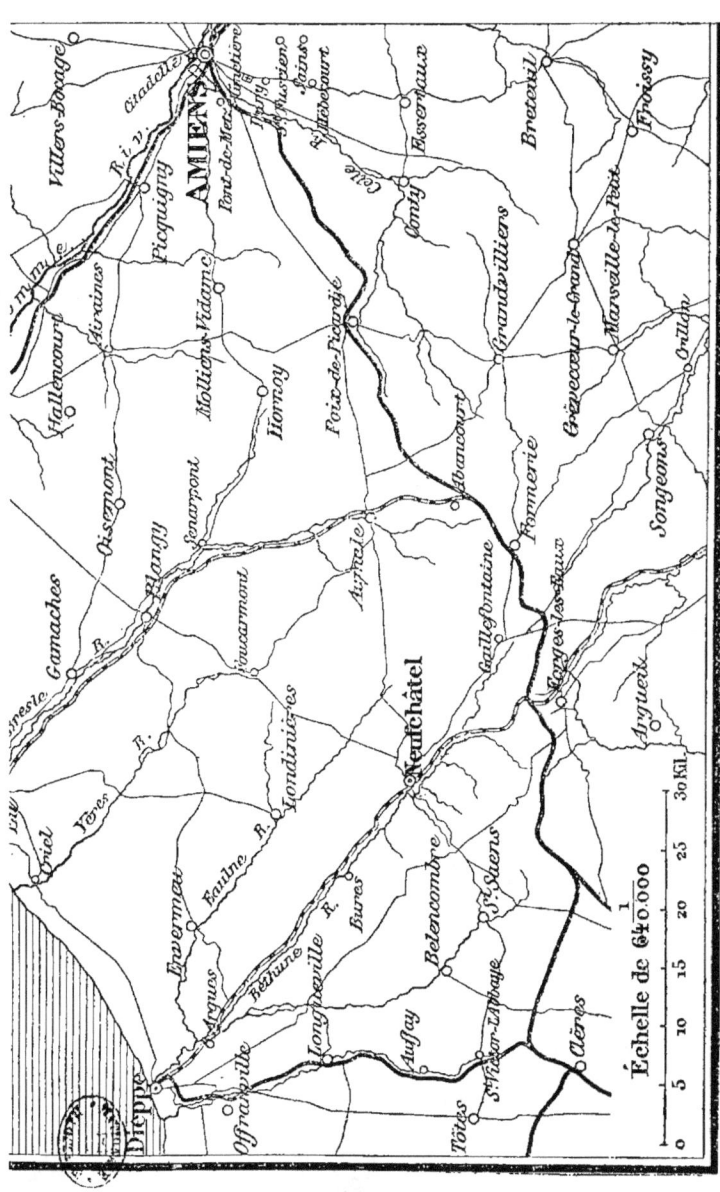

OPÉRATIONS DE L'ARMÉE DU NORD — 1re FEUILLE

Histoire générale de la Guerre 1870-71.

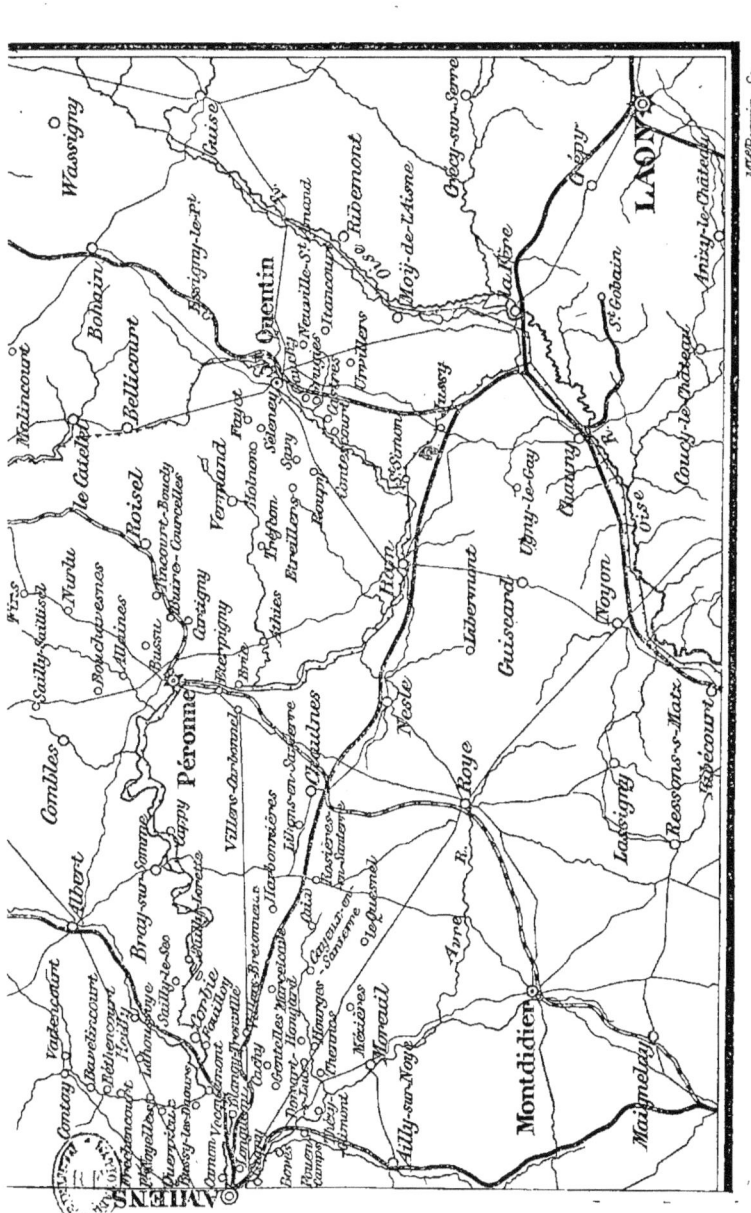

OPÉRATIONS DE L'ARMÉE DU NORD — 2ᵉ FEUILLE

Histoire générale de la Guerre 1870-71.

CARTE DU THÉATRE DES OPÉR

T. v. — 36.

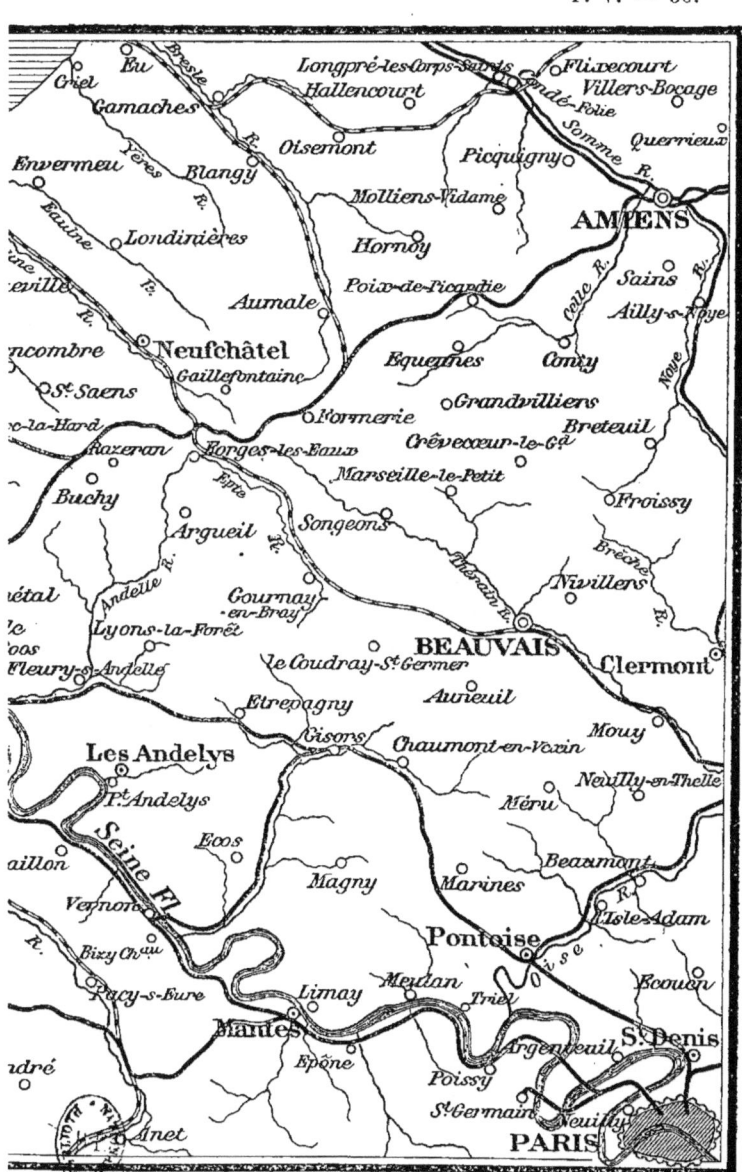

NS AUX ENVIRONS DE ROUEN

Histoire générale de la Guerre 1870-71.

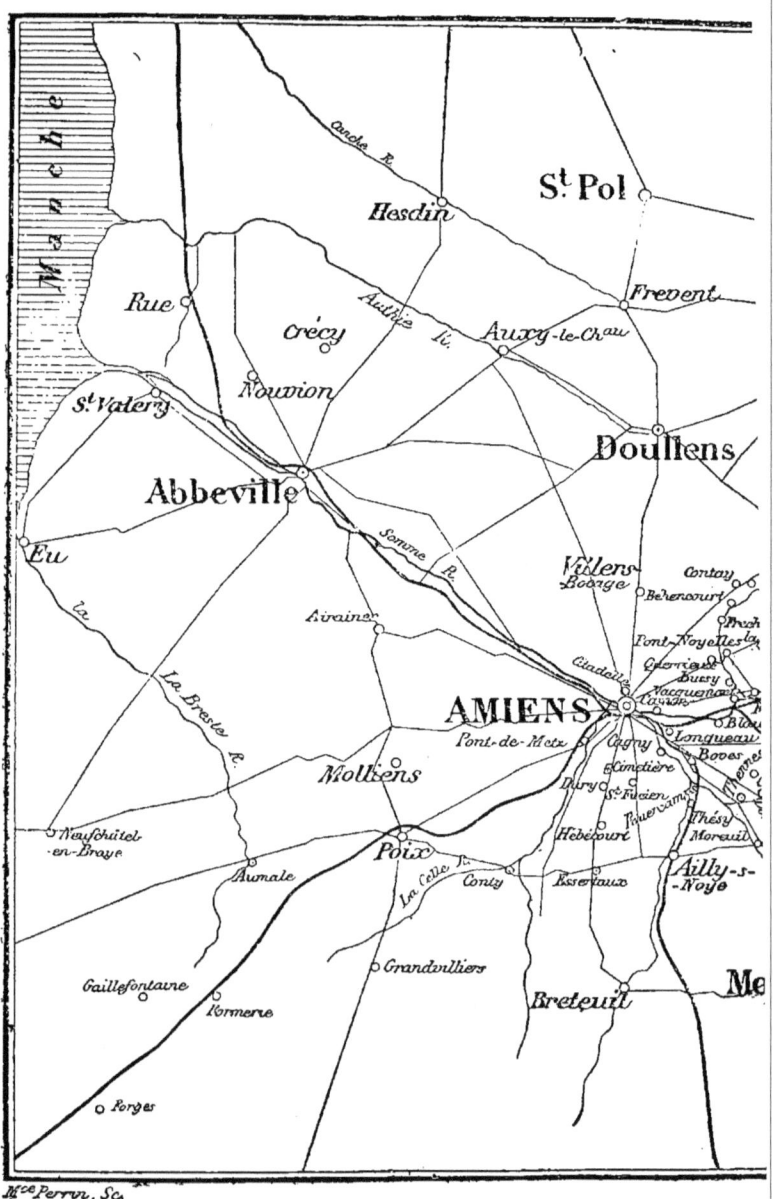

CARTE DU THÉATRE DES OPÉR

T. — v. 37.

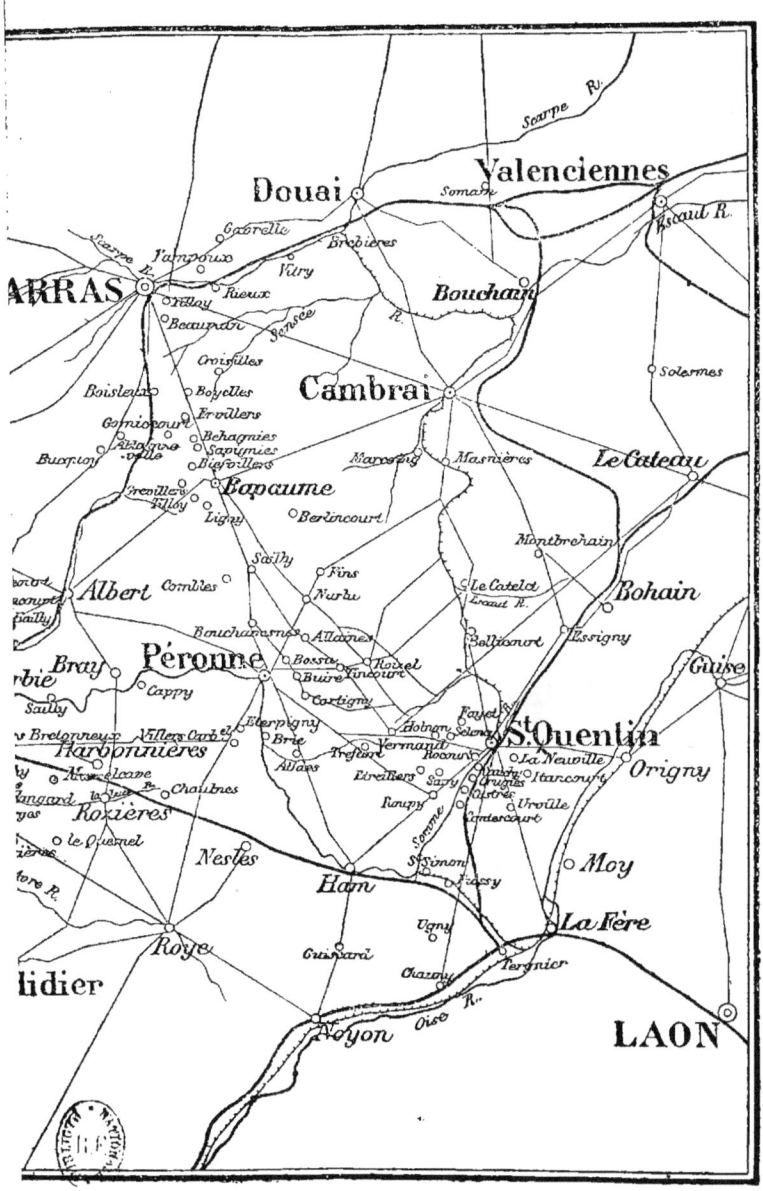

NS AUX ENVIRONS D'AMIENS

Histoire générale de la guerre 1870-71.

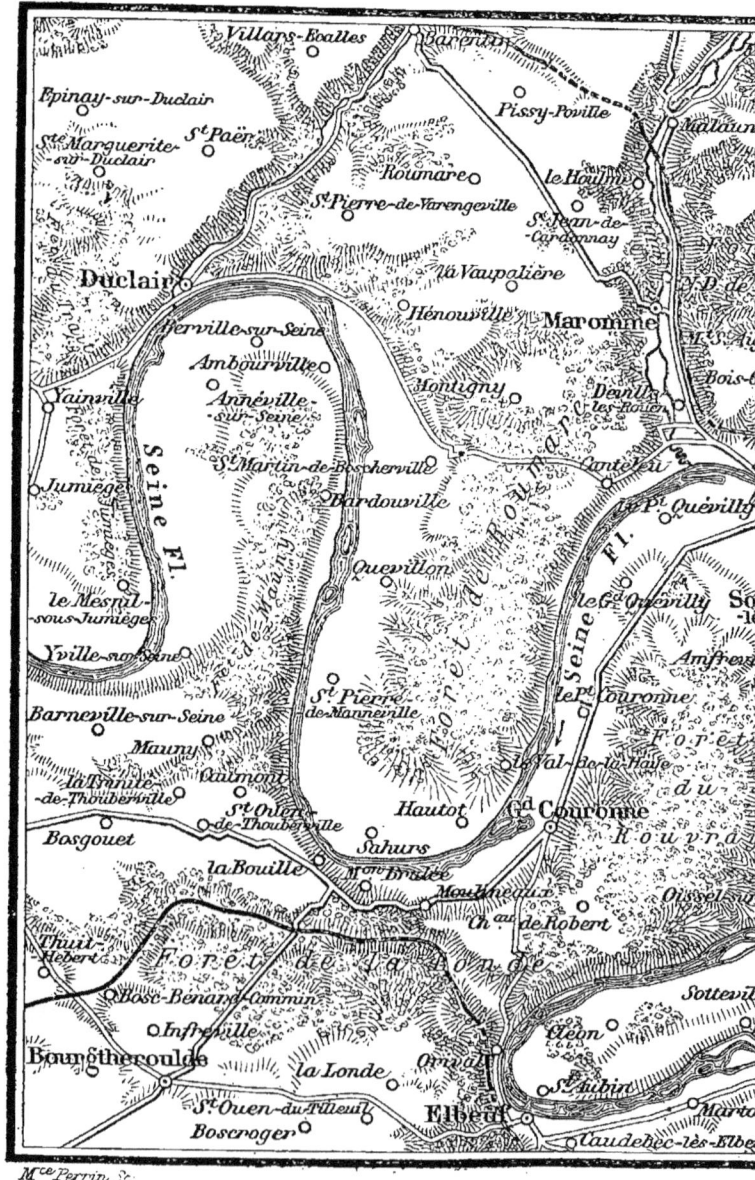

T. v. — 38.

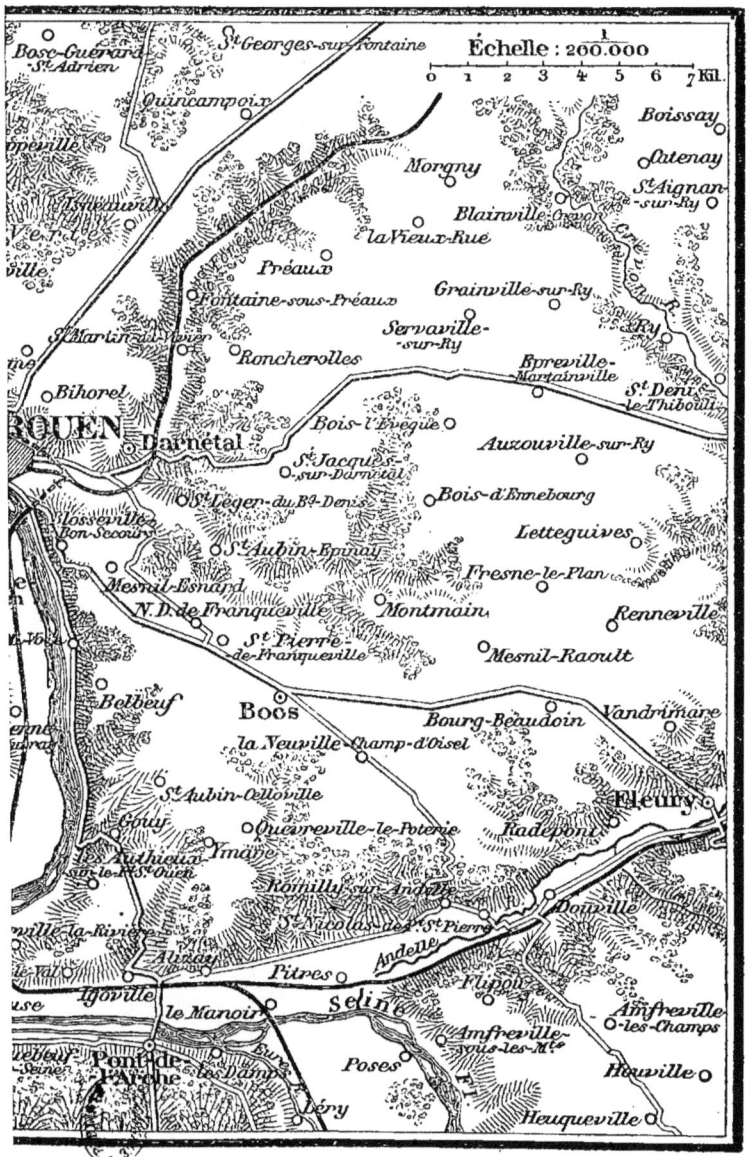

ROUEN

Histoire générale de la Guerre

BATAI

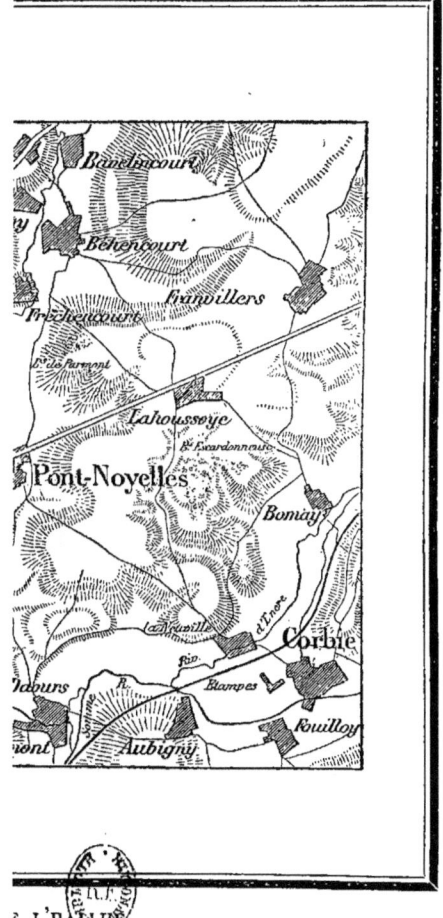

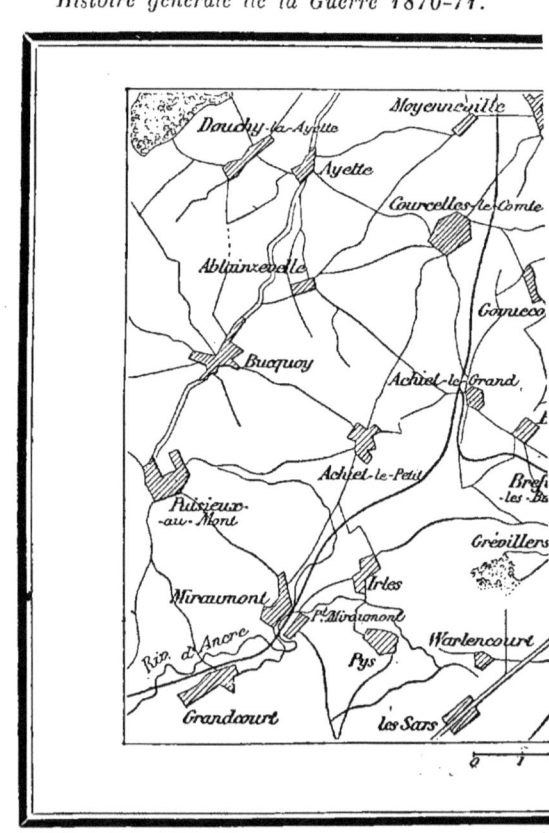

Histoire générale de la Guerre 1870-71.

CHAMP DE BAT.

T. v. — 40.

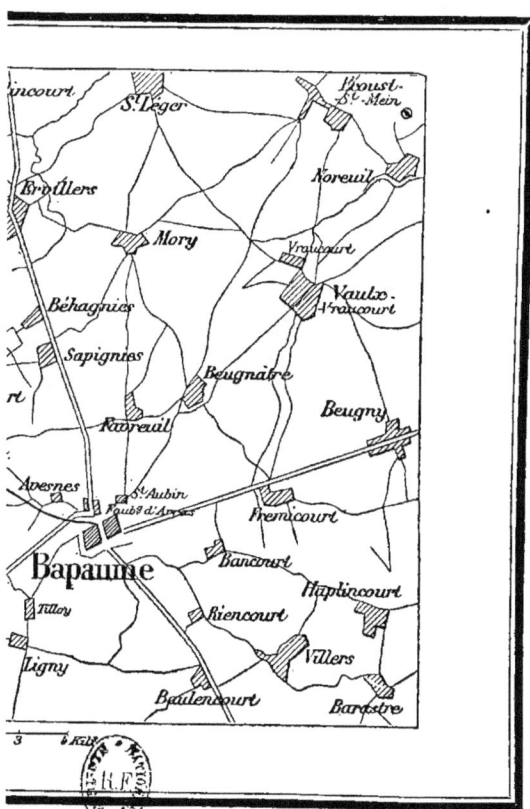

DE BAPAUME

Histoire générale de la Guerre 1870-71.

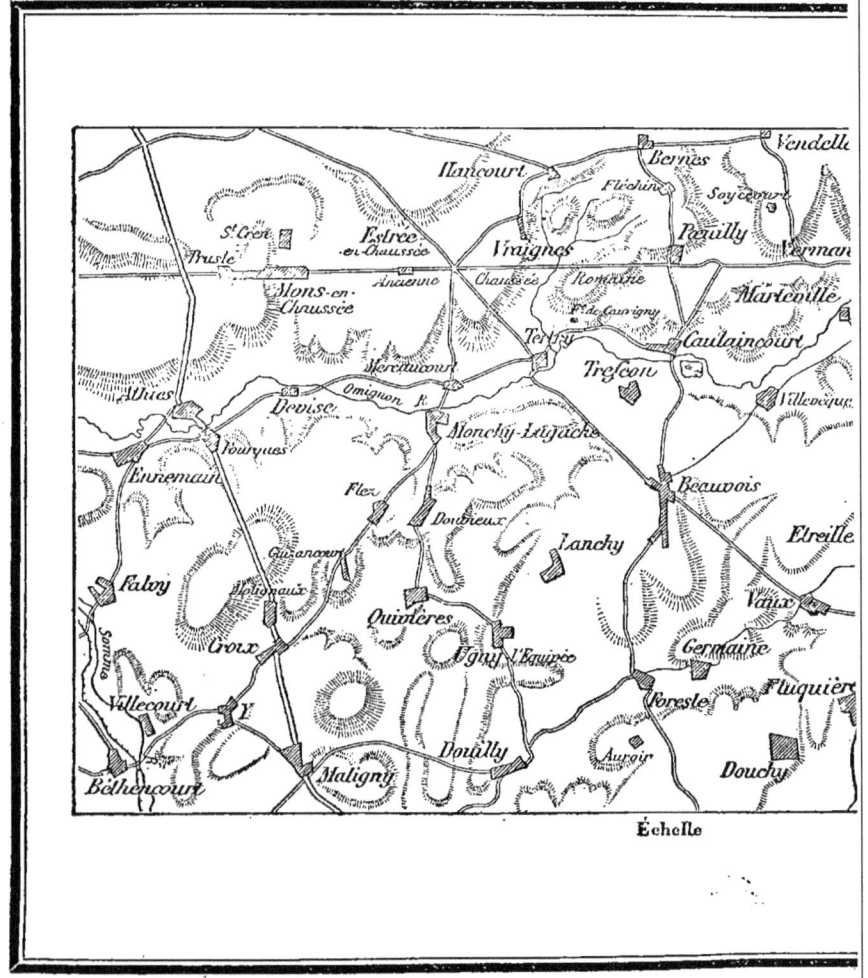

CHAMP DE BATAIL

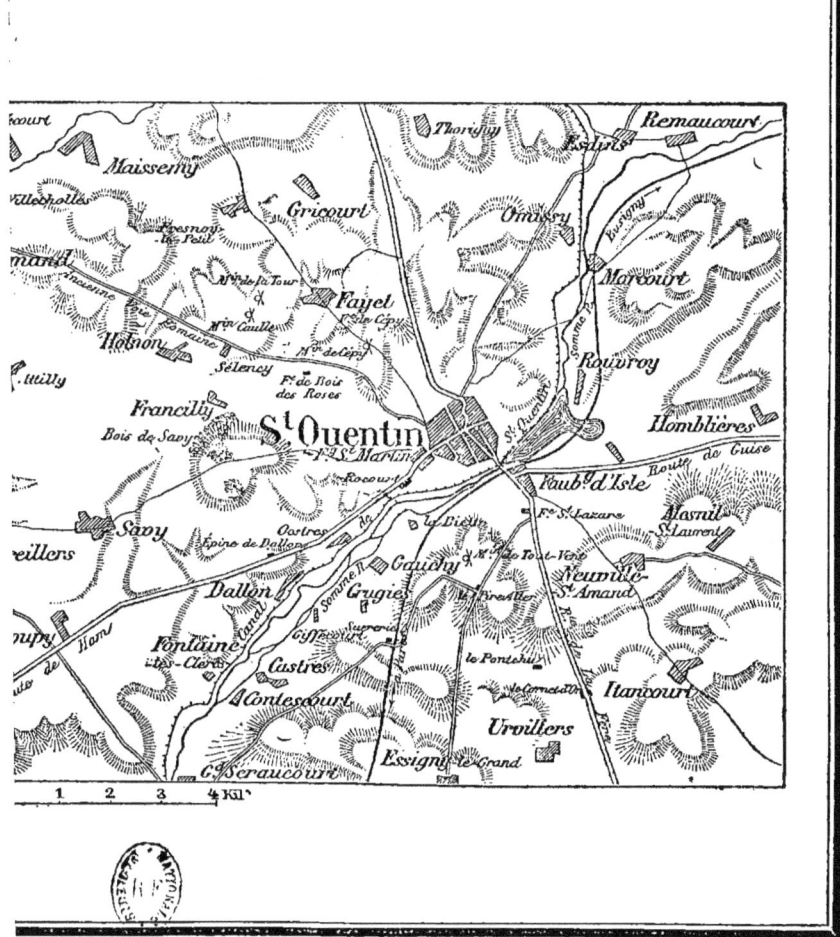

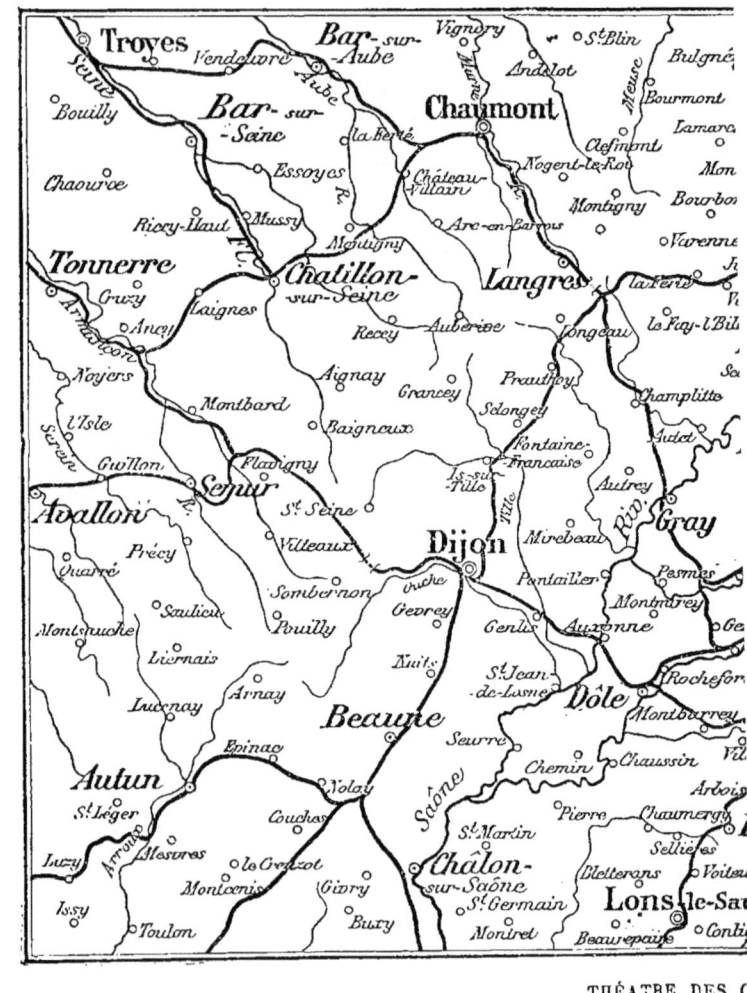

Histoire générale de la Guerre 1870-71

THÉATRE DES O

T. v. — 42.

Histoire générale de la Guerre 1870-71. T. v. — 43.

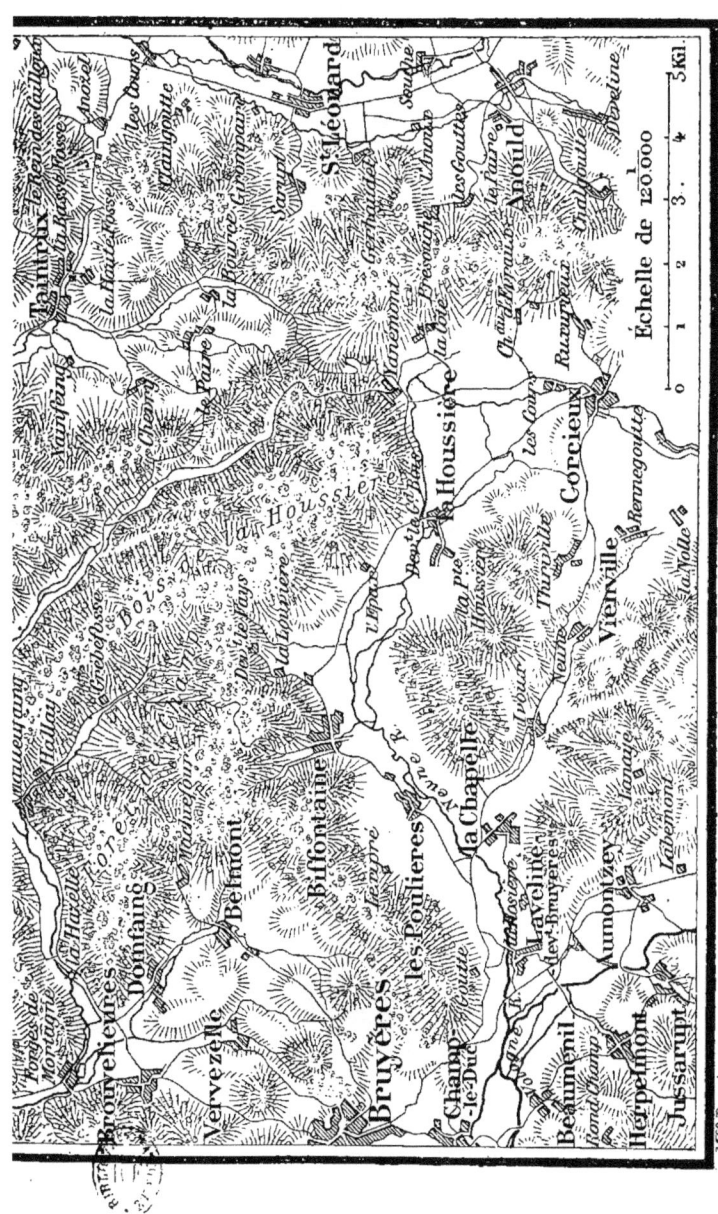

ENVIRONS DE LA BOURGONCE

Histoire générale de la Guerre 1870-71. — T. v. — 44.

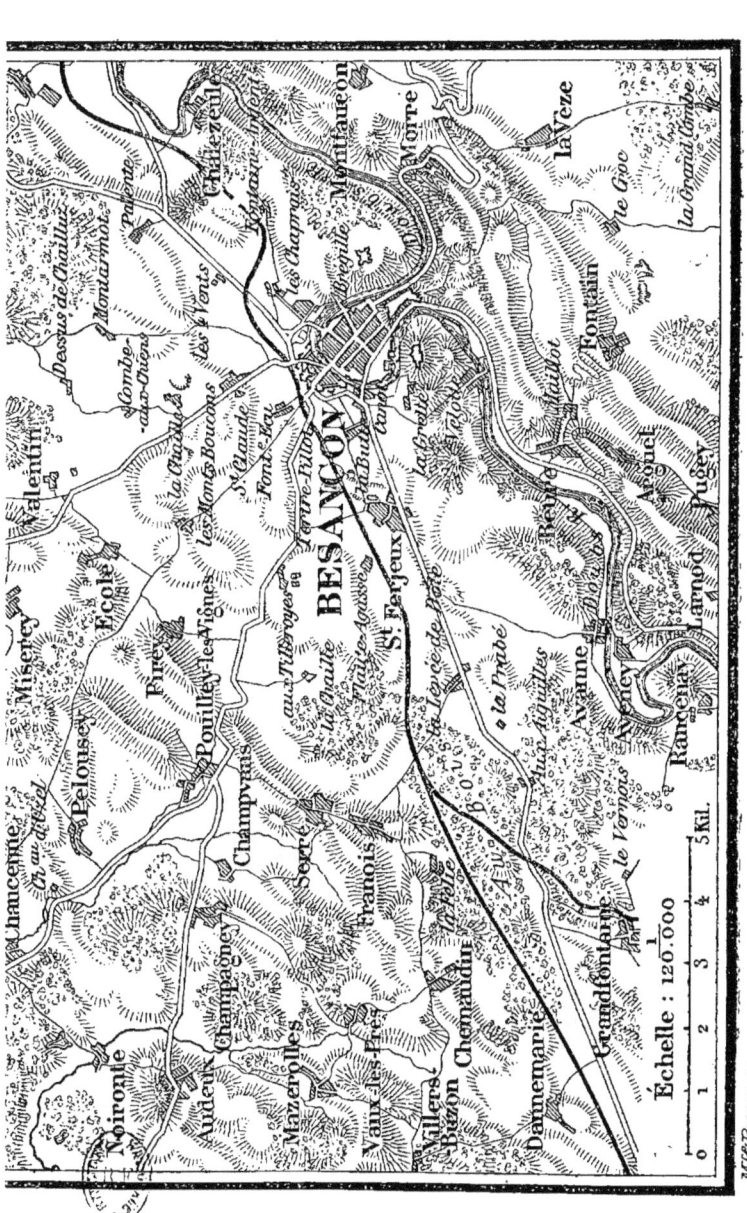

THÉATRE DES OPÉRATIONS AUX ENVIRONS DE BESANÇON

Histoire générale de la Guerre 1870-71.

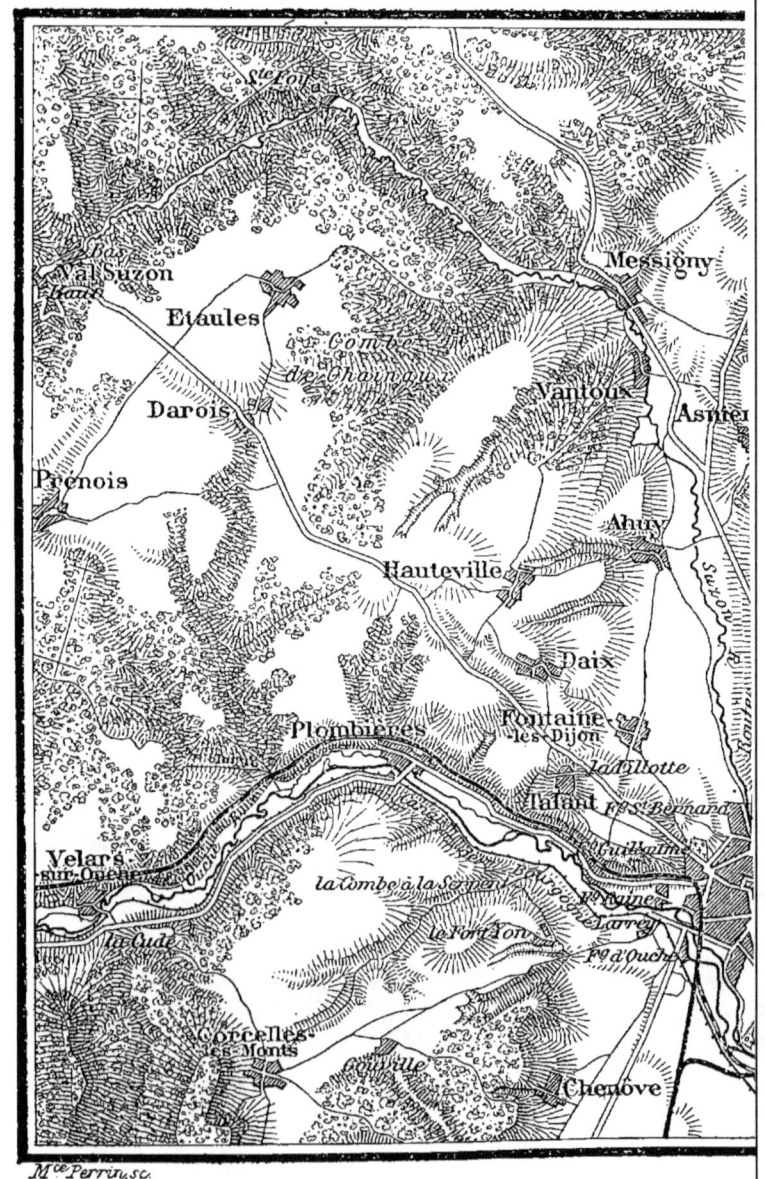

T. v. 45.

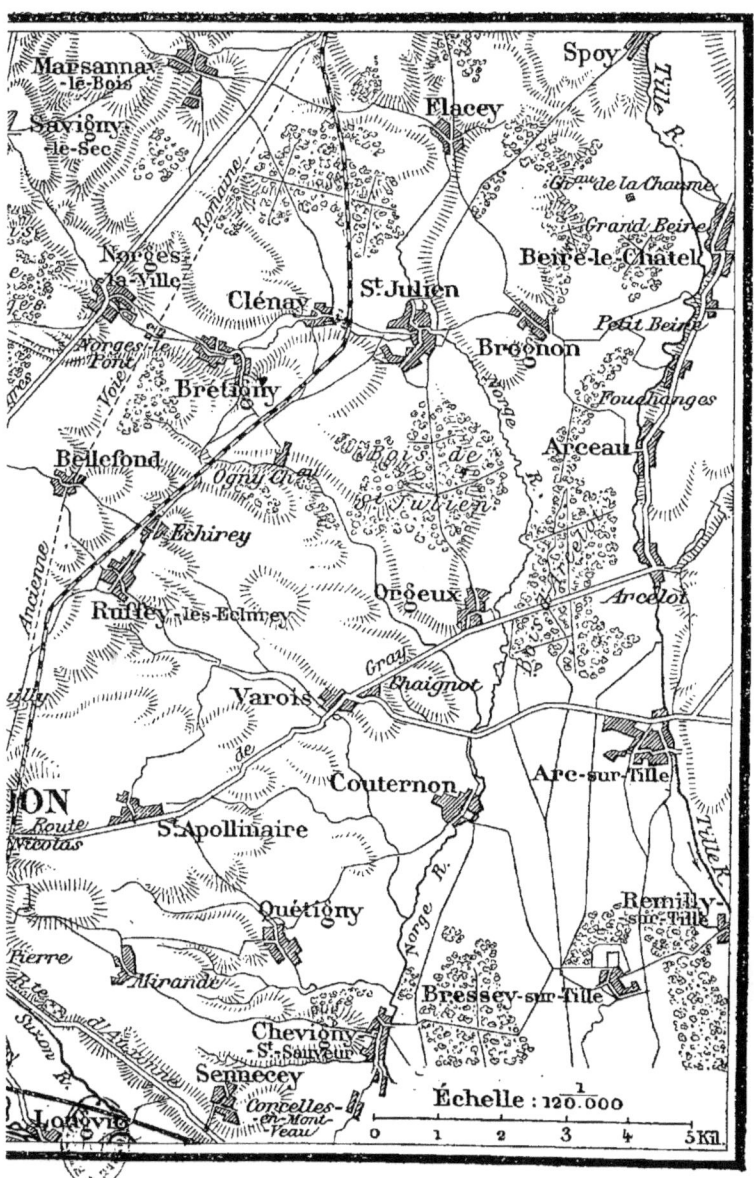

DIJON

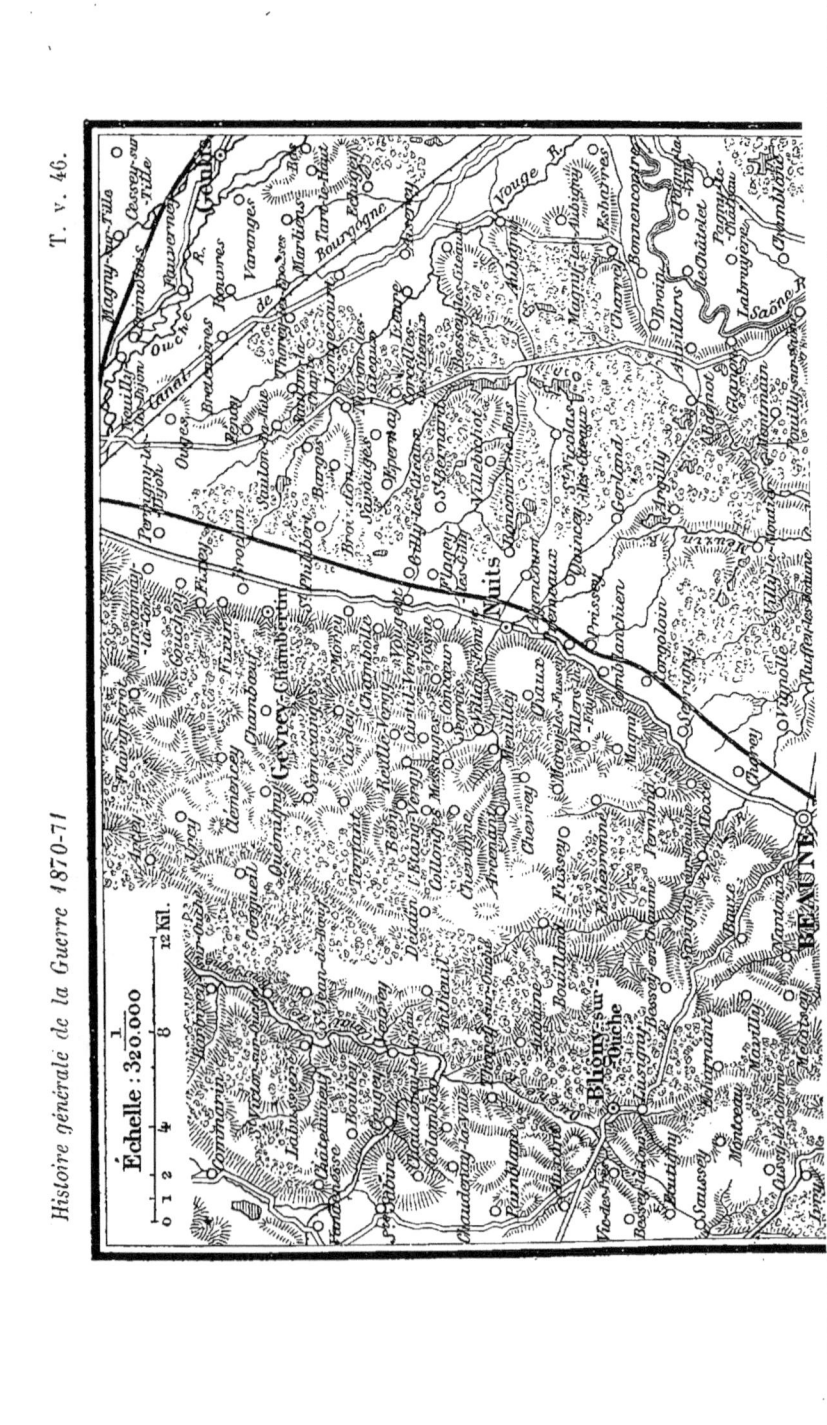

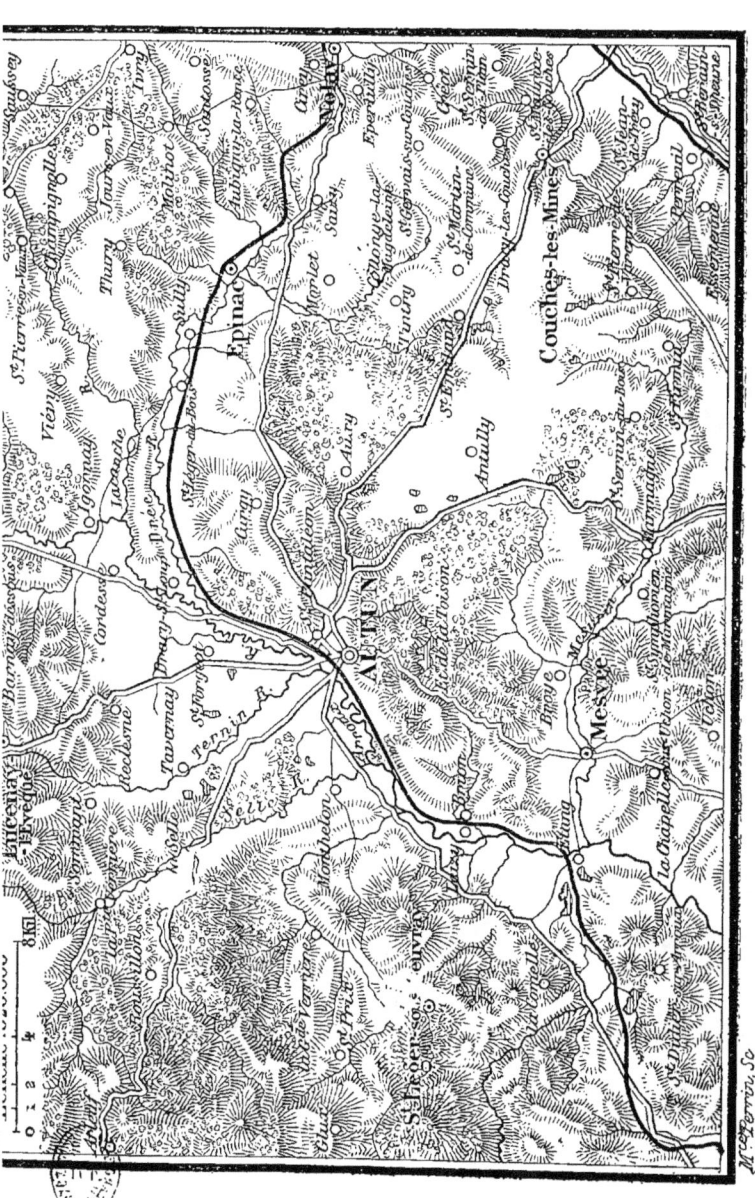

NUITS — BEAUNE — AUTUN

Histoire générale de la Guerre 1870-71.

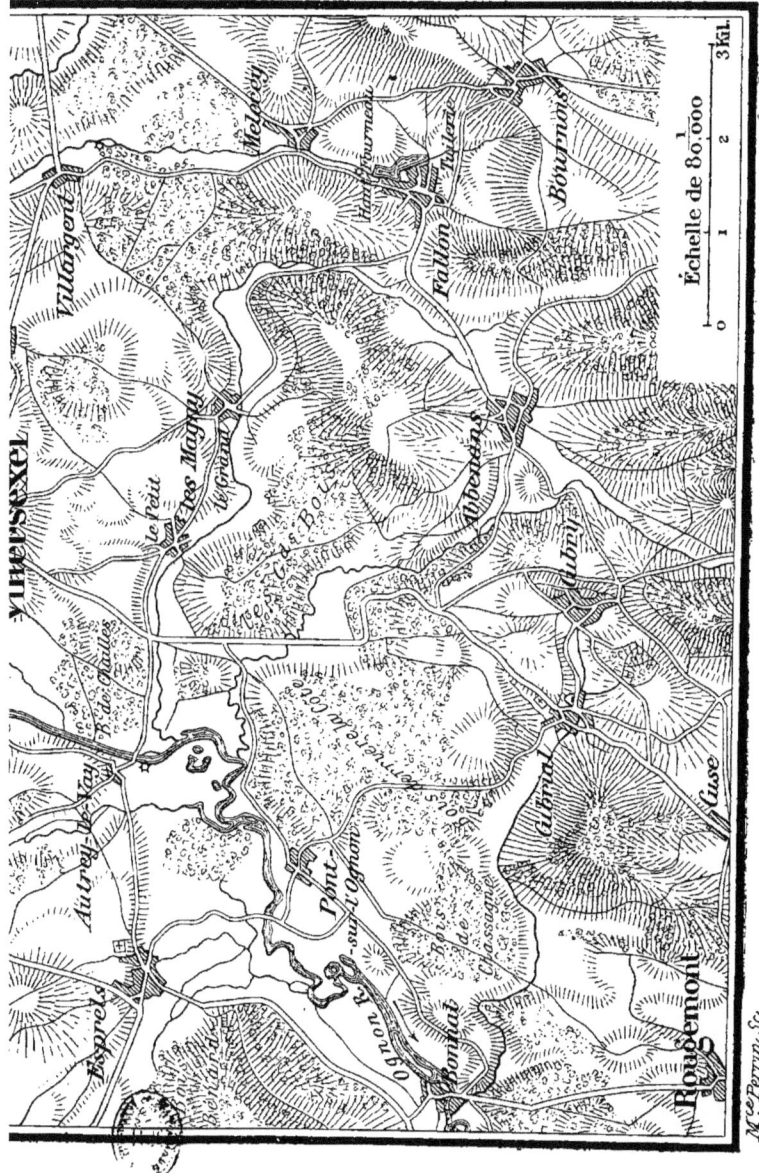

CHAMP DE BATAILLE DE VILLERSEXEL

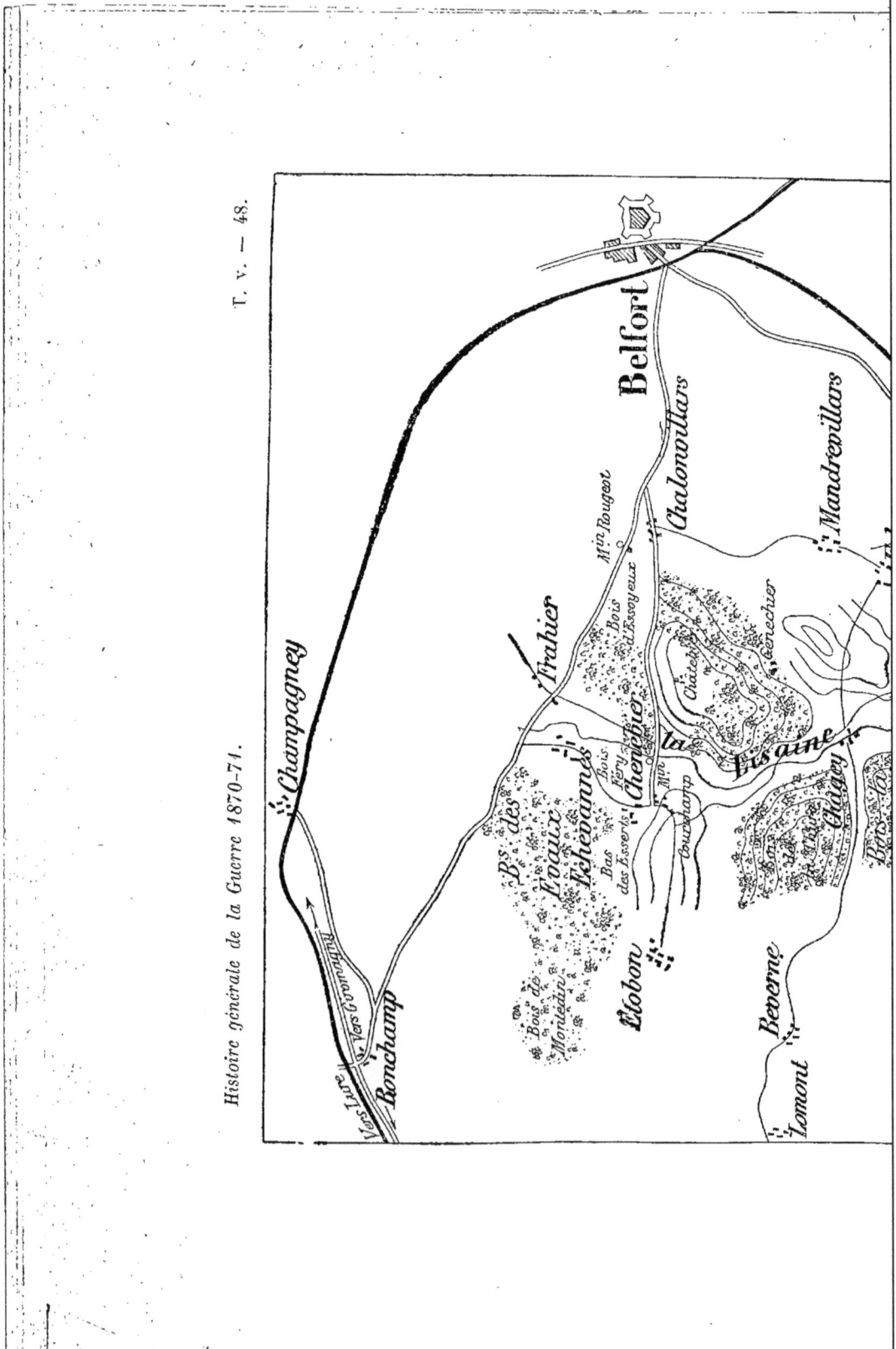

Histoire générale de la Guerre 1870-71.

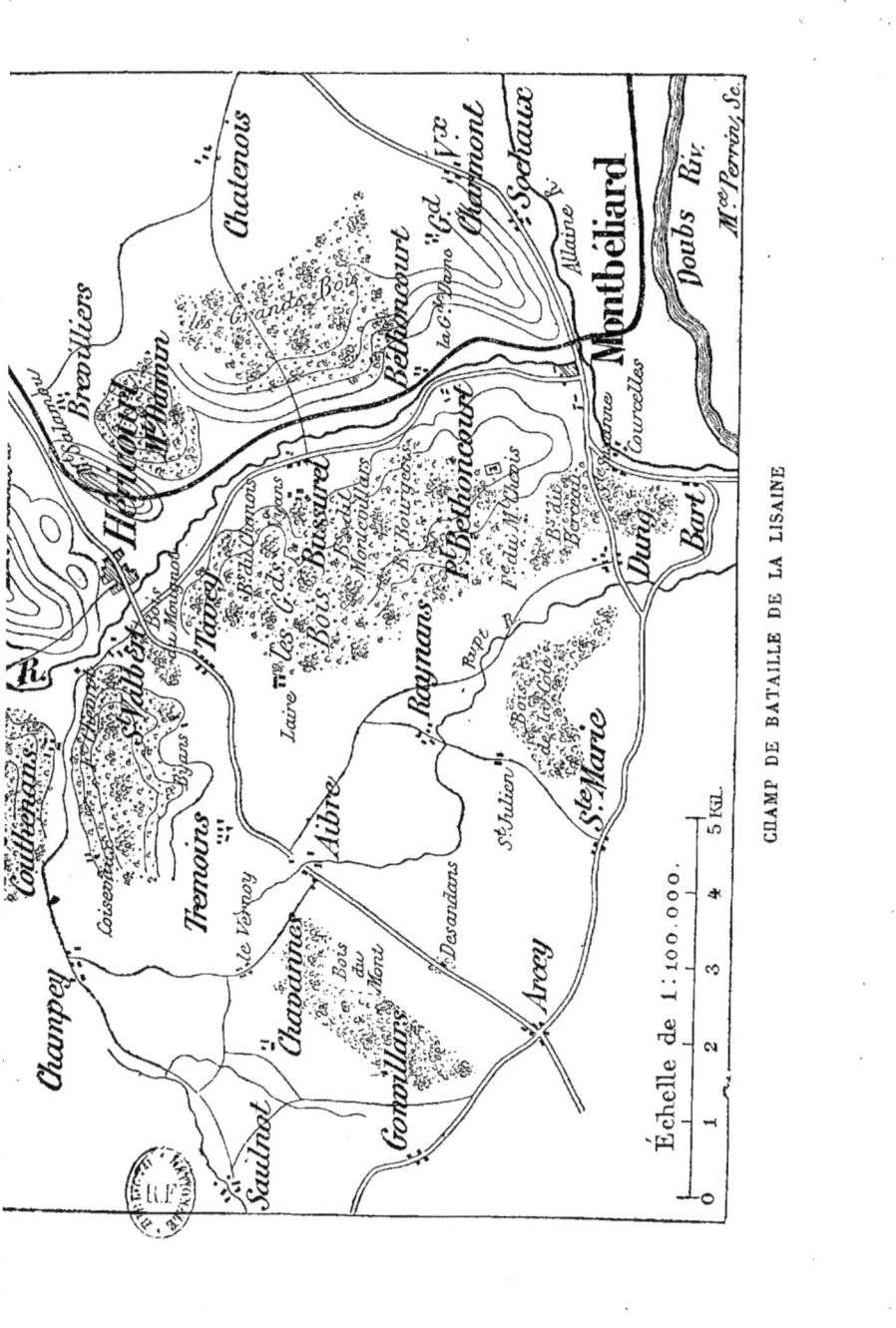

CHAMP DE BATAILLE DE LA LISAINE

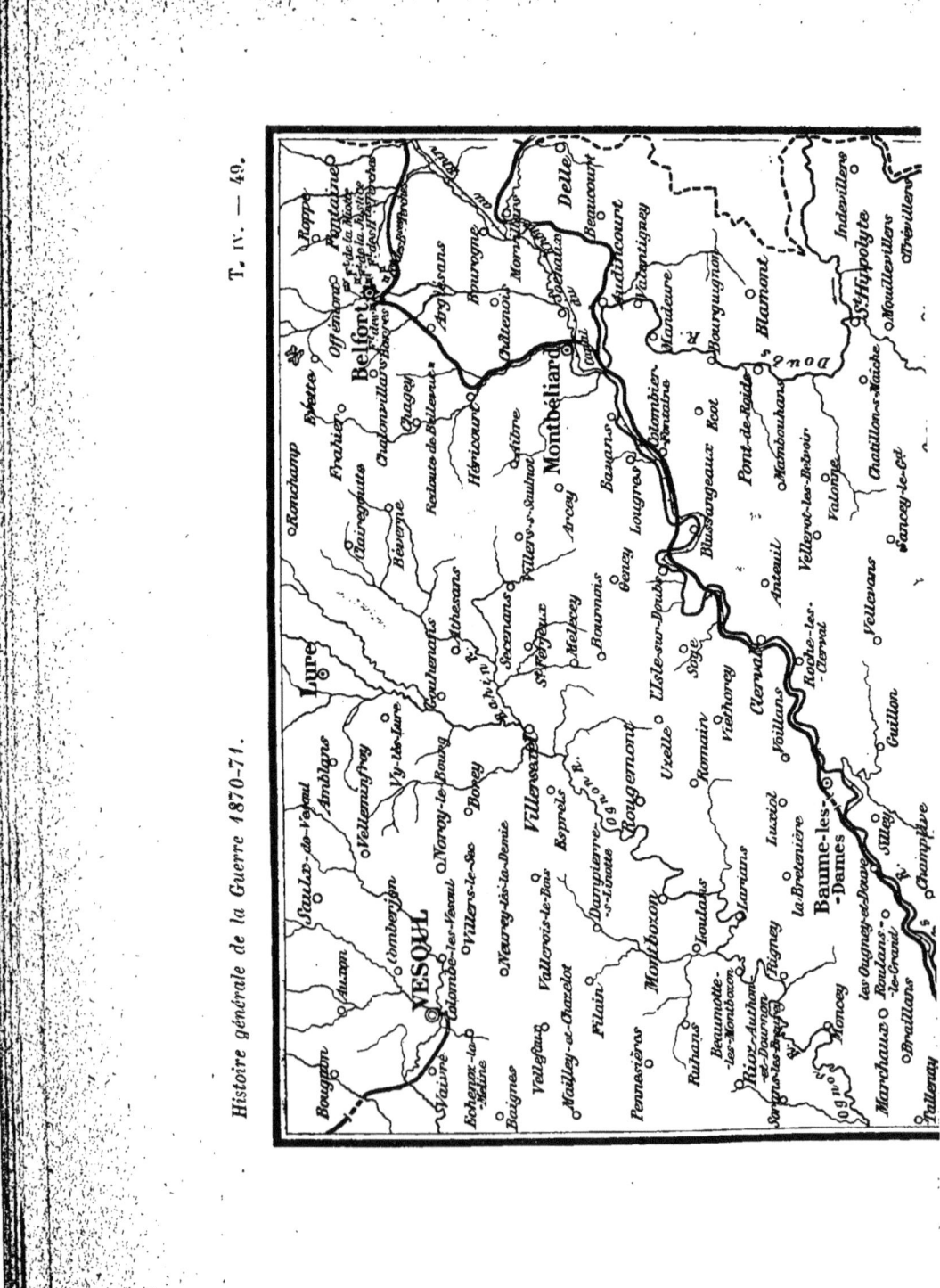

Histoire générale de la Guerre 1870-71.

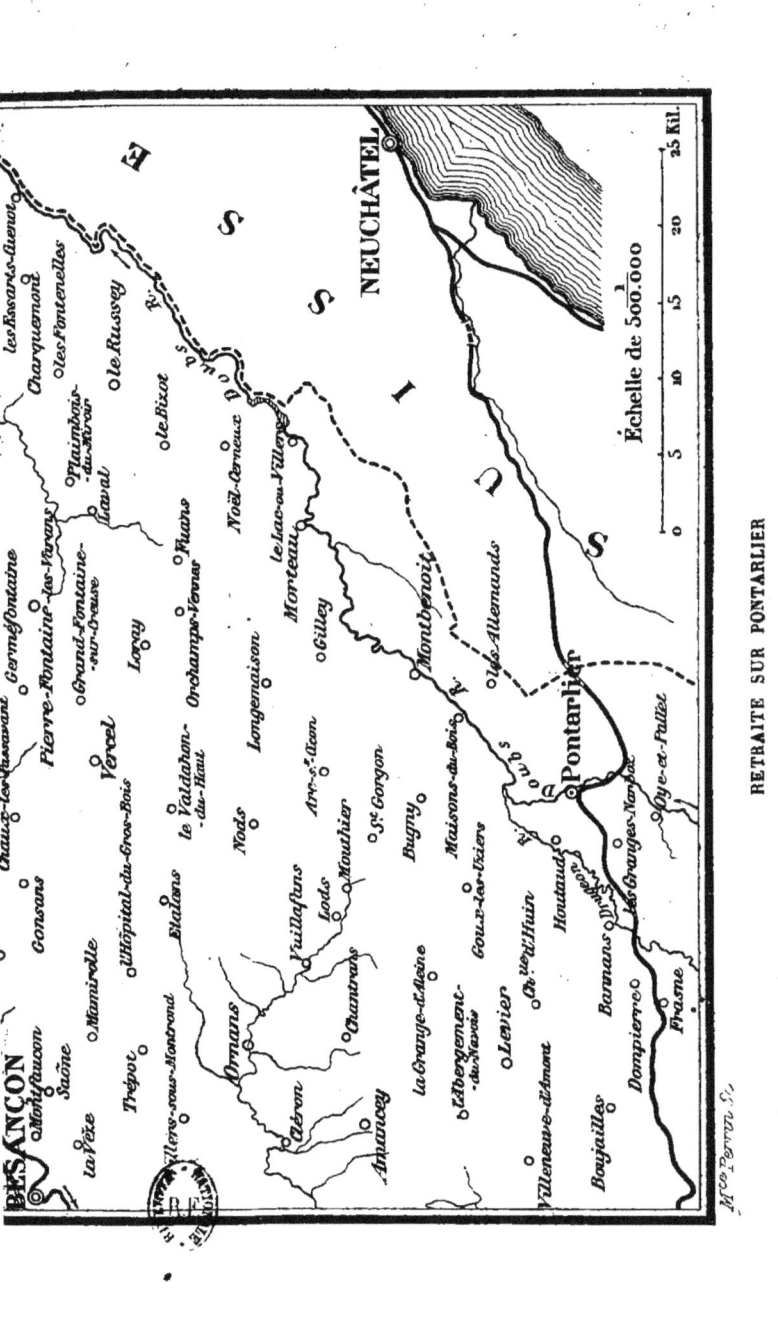

RETRAITE SUR PONTARLIER

Histoire générale de la Guerre 1870-71.

SUISSE

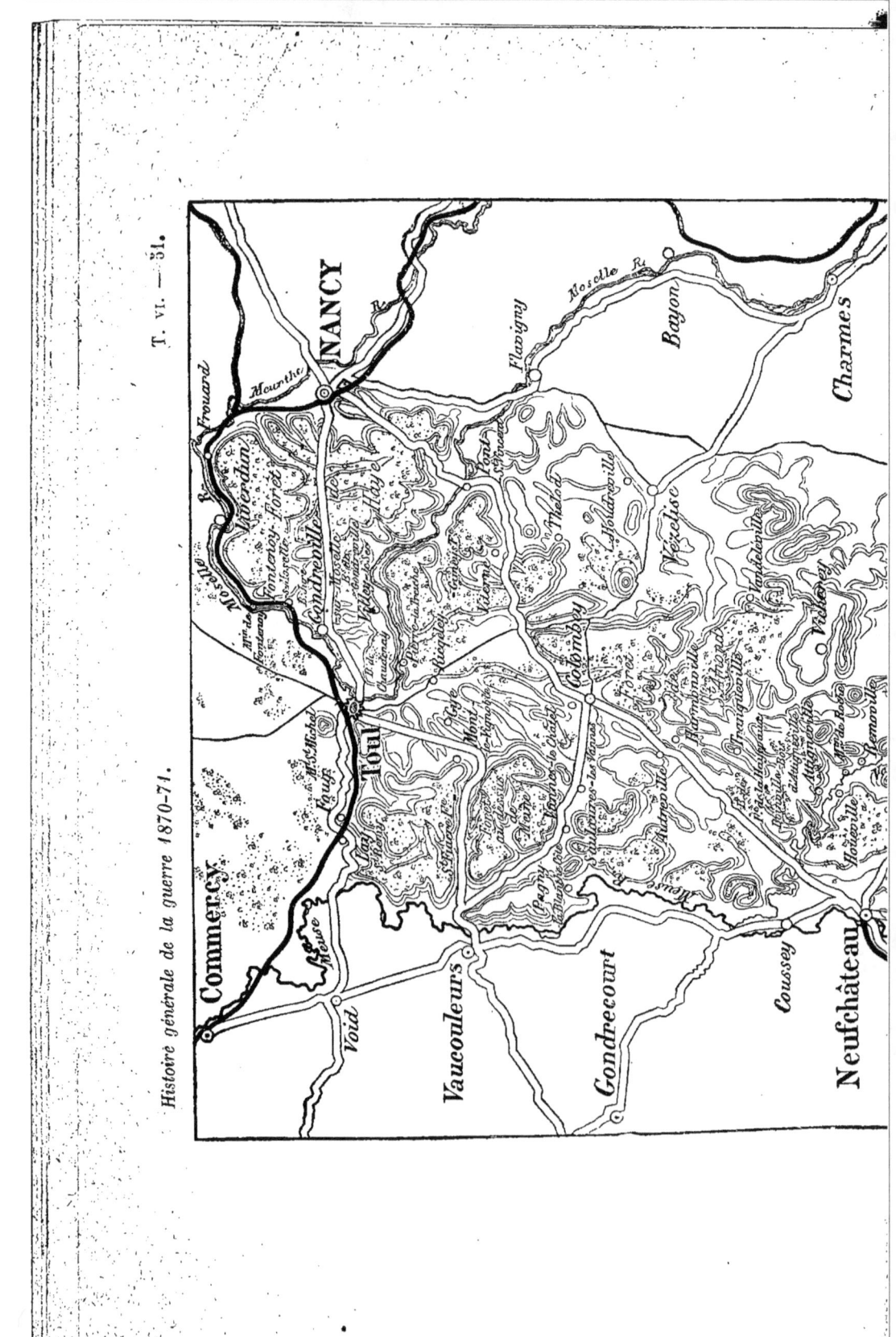

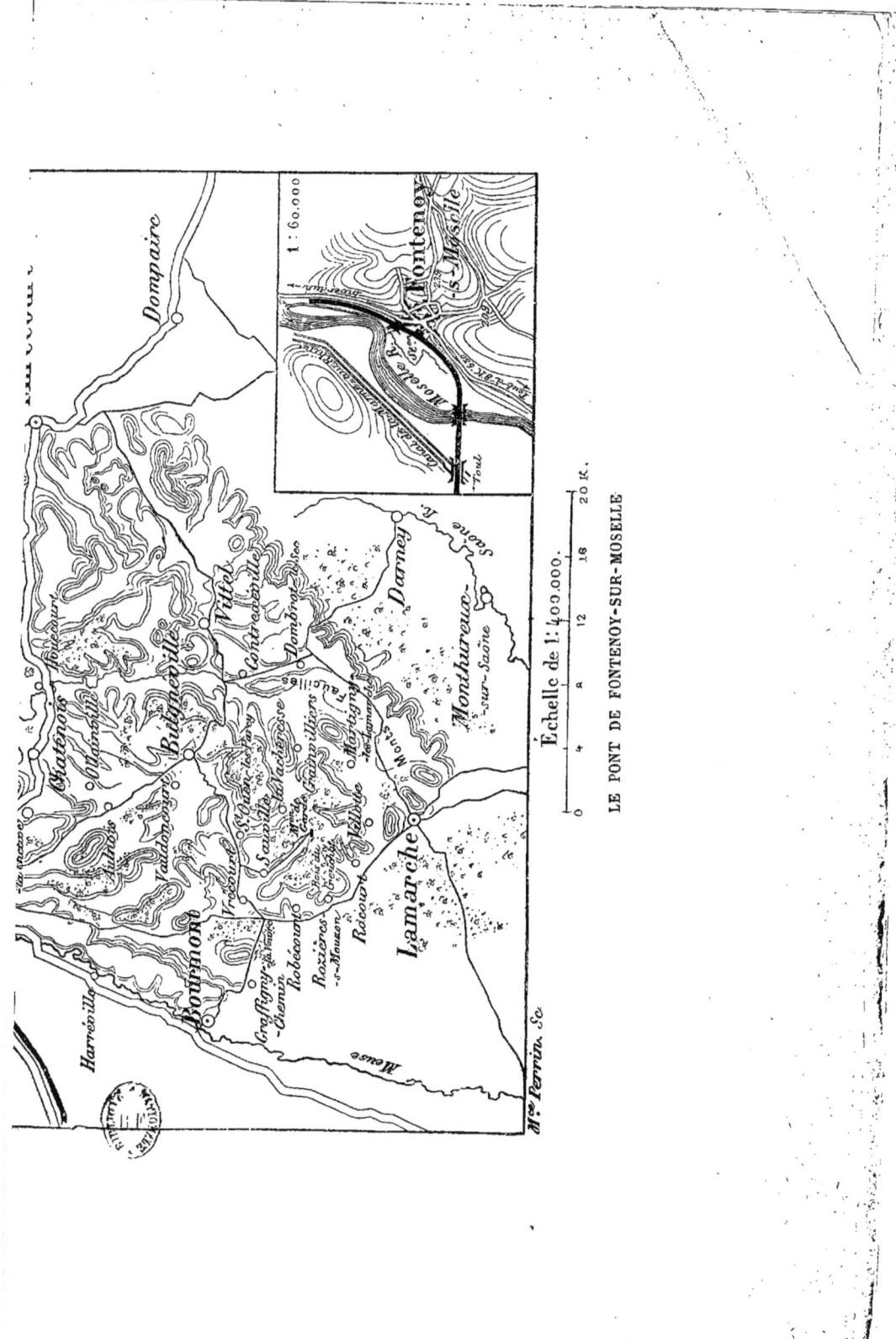

LE PONT DE FONTENOY-SUR-MOSELLE

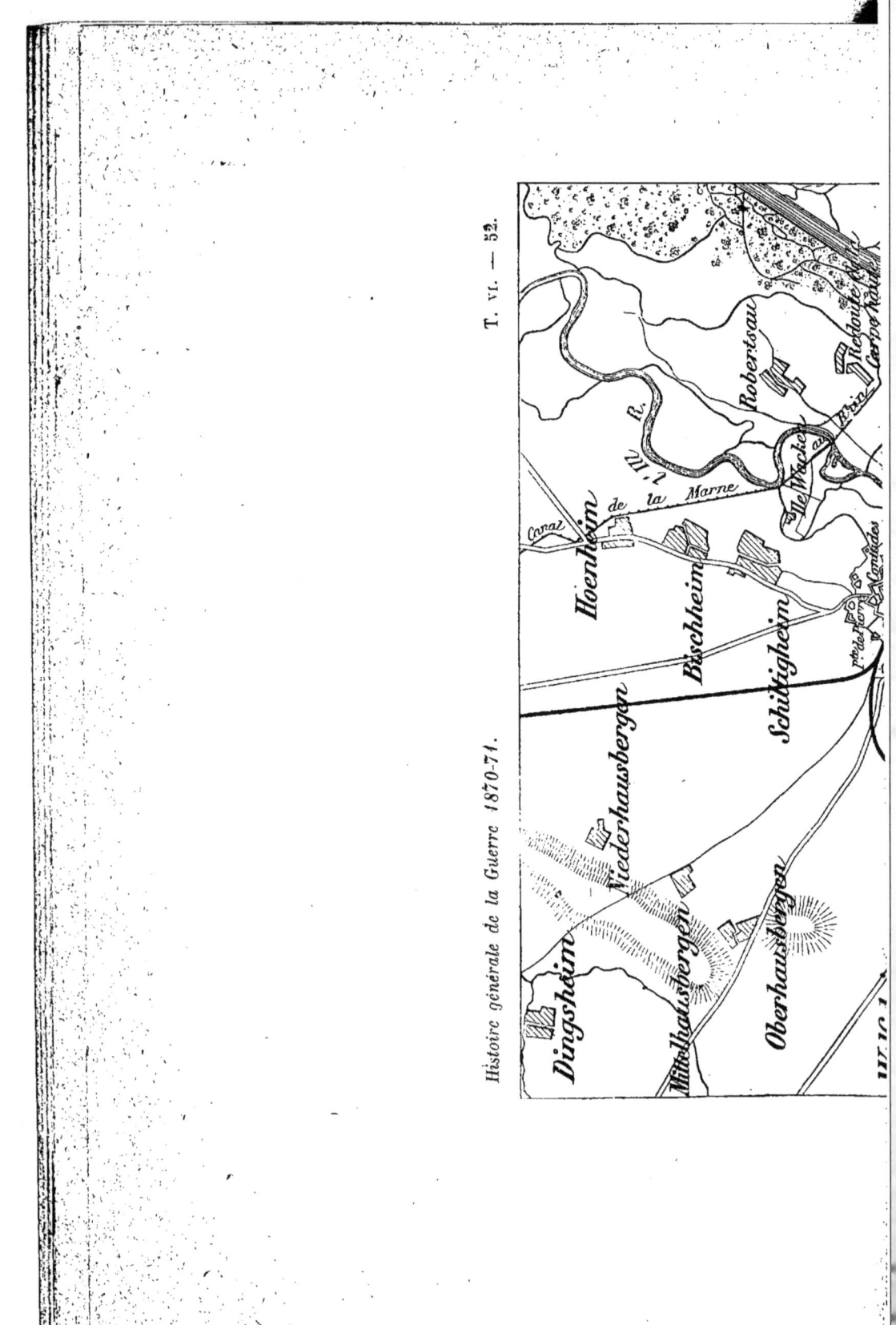

Histoire générale de la Guerre 1870-71.

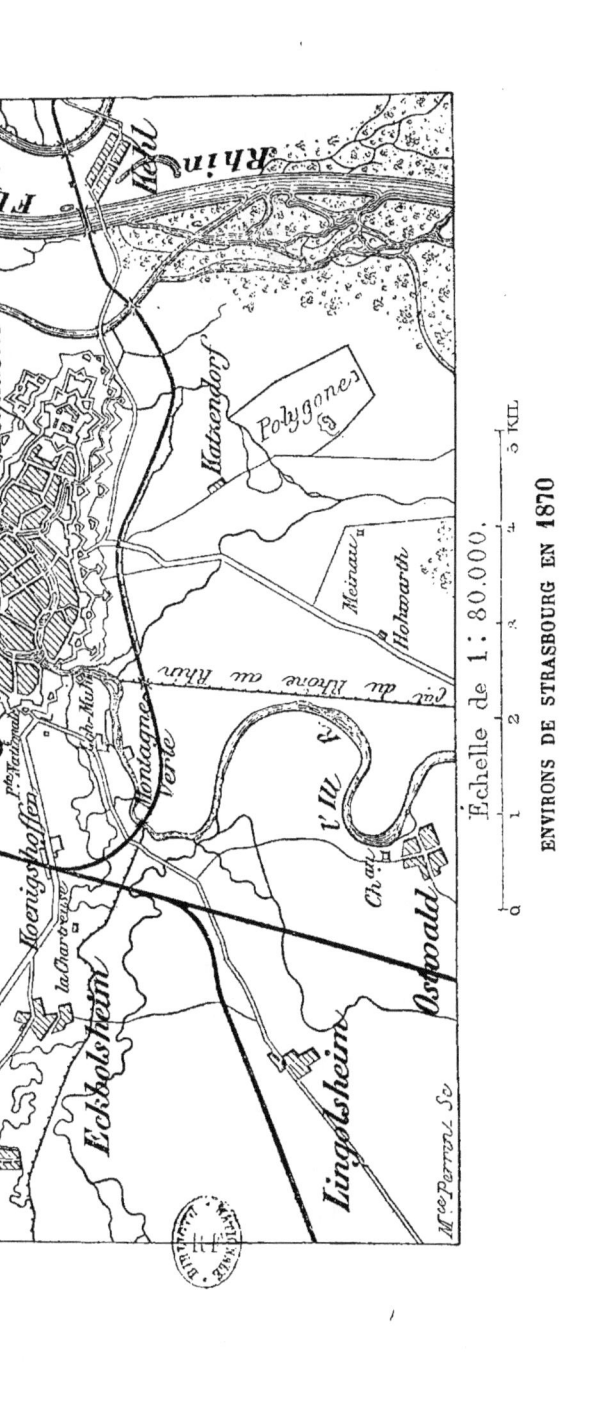

ENVIRONS DE STRASBOURG EN 1870

Histoire générale de la Guerre 1870-71.

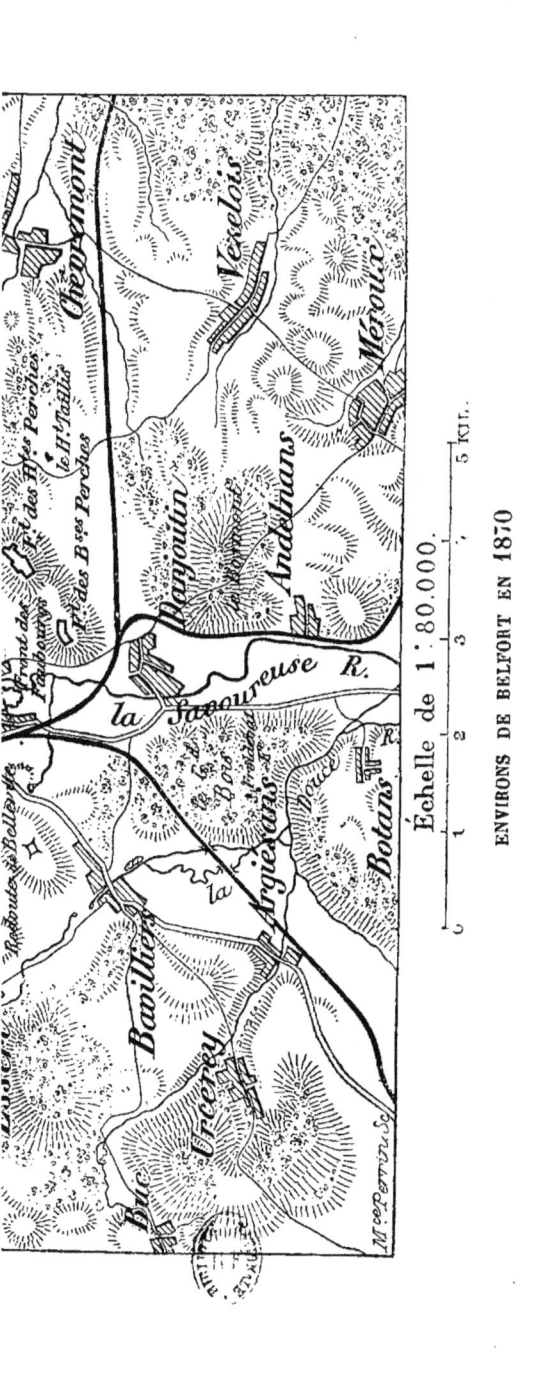

ENVIRONS DE BELFORT EN 1870
Échelle de 1:80.000.

Histoire générale de la Guerre 1870-71.

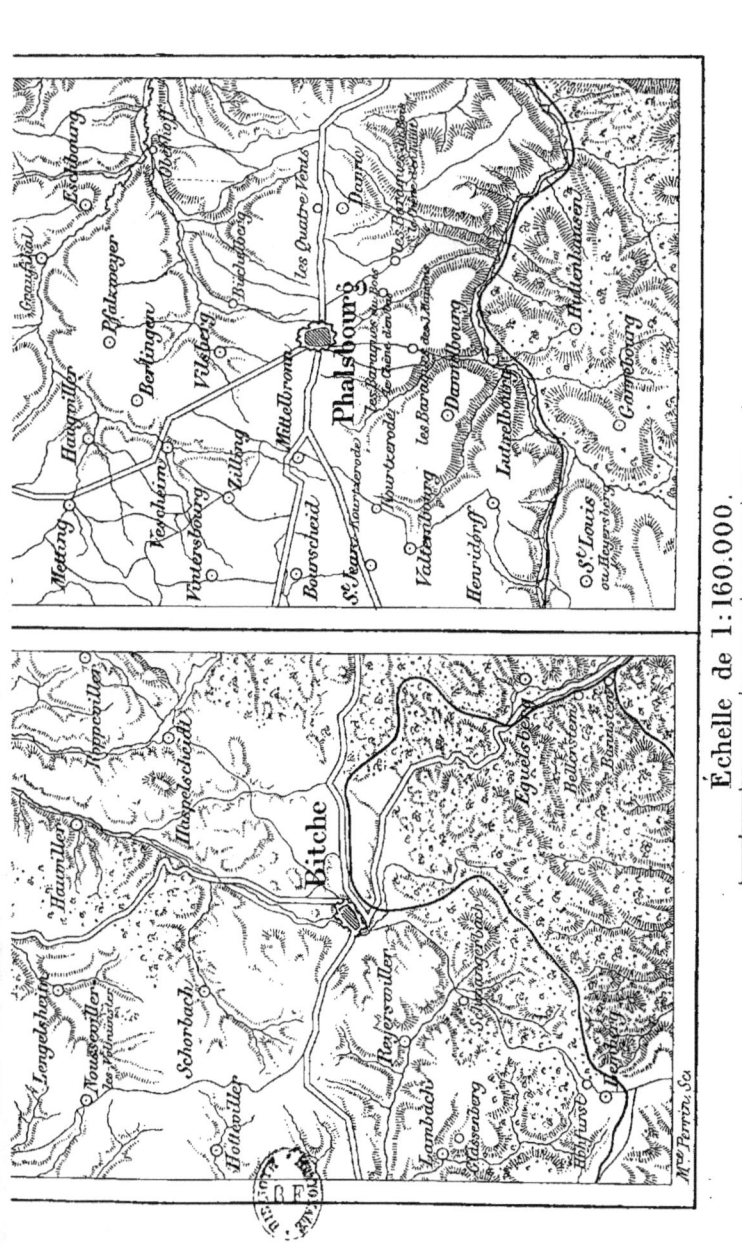

Échelle de 1:160.000.

VERDUN, TOUL, BITCHE ET PHALSBOURG EN 1870

Histoire générale de la Guerre 1870-71.

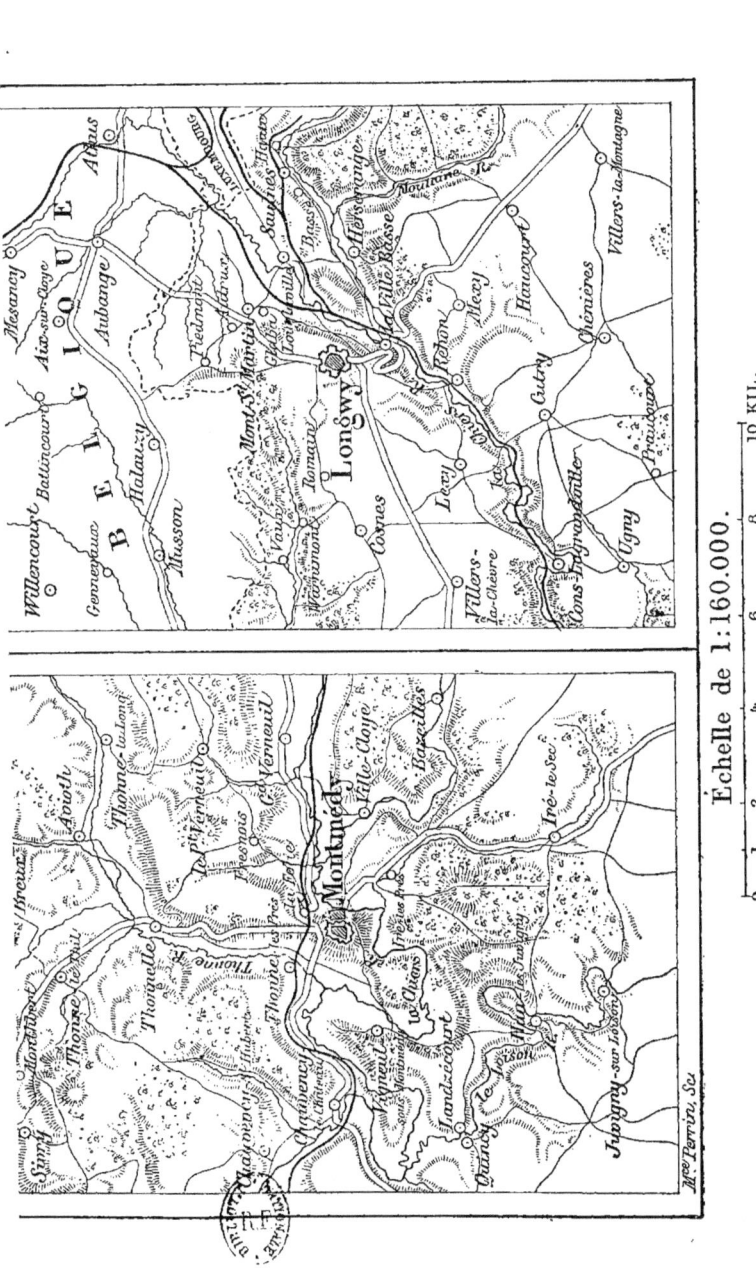

Échelle de 1:160.000.

SOISSONS, MÉZIÈRES, MONTMÉDY ET LONGWY EN 1870

Histoire générale de la Guerre 1870-71

THÉATRE DES O

T. VI. — 56.

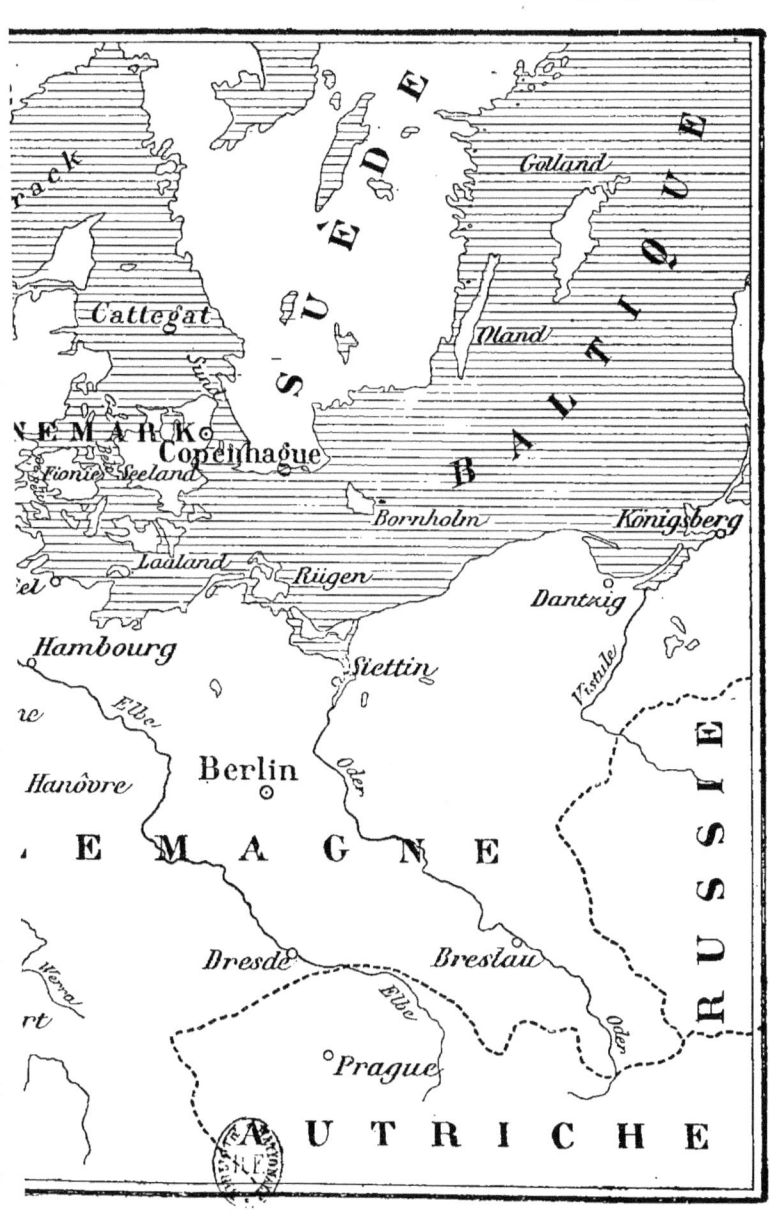

TABLE DES CARTES

TOME I

	Pages.
Théâtre des opérations de la première partie de la guerre	1
Théâtre de la concentration des armées allemandes	2
Théâtre des opérations en Alsace	3
Champ de bataille de Wissembourg	4
Champ de bataille de Frœschviller	5
Rive gauche de la Sarre et champ de bataille de Spicheren	6
Région entre Rhin et Moselle	7
Champs de bataille de Borny et de Noisseville	8

TOME II

Champ de bataille de Rezonville	9
Champ de bataille de Saint-Privat	10
Théâtre des opérations de l'armée de Châlons (1re feuille)	11
Théâtre des opérations de l'armée de Châlons (2e feuille)	12
Environs de Beaumont. — Combat de Nouart	13
Champ de bataille de Sedan	14
Environs de Metz	15

TOME III

Retraite du 13e Corps	16
Environs de Paris. — Ouest	17

TABLE DES CARTES

                                                              Pages.

Environs de Paris. — Est. 18
Région Sud de Paris. — Combat de Châtillon 19
Champs de bataille de la Malmaison et de Buzenval. 20
Combats du Bourget. 21
Région Nord de Paris. — Genevilliers. — Épinay. 22
Batailles de la Marne 23
La Maison-Blanche et La Ville-Évrard 24

TOME IV

Théâtre général des opérations de l'armée de la Loire. . . 25
Environs d'Orléans. — Région Ouest. 26
Environs d'Orléans. — Région Est. 27
Champ de bataille de Coulmiers 28
Beaune-la-Rolande, Loigny et Poupry. 29
Beaugency. — Cravant. 30
Entre Loire et Mayenne 31
Vendôme 32
Champ de bataille du Mans 33

TOME V

Opérations de l'armée du Nord. 1re feuille. 34
Opérations de l'armée du Nord. 2e feuille. 35
Carte du théâtre des opérations aux environs de Rouen . . 36
Carte du théâtre des opérations aux environs d'Amiens . . 37
Environs de Rouen 38
Bataille de l'Hallue 39
Champ de bataille de Bapaume. 40
Champ de bataille de Saint-Quentin. 41

TABLE DES CARTES

	Pages.
Théâtre des opérations dans l'Est.	42
Environs de la Bourgonce.	43
Théâtre des opérations aux environs de Besançon.	44
Environs de Dijon.	45
Nuits, Beaune, Autun.	46

TOME VI

Champ de bataille de Villersexel.	47
Champ de bataille de la Lisaine.	48
Retraite sur Pontarlier.	49
Passage en Suisse.	50
Le pont de Fontenoy-sur-Moselle.	51
Environs de Strasbourg en 1870.	52
Environs de Belfort en 1870.	53
Verdun. — Toul. — Phalsbourg en 1870.	54
Soissons. — Mézières. — Montmédy. — Longwy en 1870.	55
Théâtre des opérations maritimes.	56

ÉMILE COLIN — IMPRIMERIE DE LAGNY

www.ingramcontent.com/pod-product-compliance
Lightning Source LLC
Chambersburg PA
CBHW071945160426
43198CB00011B/1547